वाणी प्रकाशन
ज्ञान के विविध आयामों के प्रकाशक

वाणी प्रकाशन का 'लोगो' विख्यात चित्रकार मक़बूल फ़िदा हुसेन की कूची से

वाणी प्रकाशन, 4695, 21-ए, दरियागंज, नयी दिल्ली-110002
वाणी प्रकाशन, अशोक राजपथ (पटना कॉलेज के सामने), पटना (बिहार)

MOMIJI KE RANG

by Raj Buddhiraja, Tomoko Kikuchi, Yosio Takakura

Poetry

ISBN : 978-93-5000-196-7

प्रथम संस्करण

मूल्य : 400/-

वाणी प्रकाशन
फोन : 0091#11#23273167, 23275710

फैक्स : 0091#11#23275710

वेबसाइट : www.vaniprakashan.in

ई-मेल : vaniprakashan@gmail.com
vani_prakashan@yahoo.com

आर.टेक ऑफसेट प्रिंटर्स द्वारा दिल्ली-110095 में मुद्रित

समर्पण

जापान के सांस्कृतिक मास 2009 के उपलक्ष्य में
भारत-जापान सांस्कृतिक परिषद् की ओर से
दोनों देशों की अखण्ड मैत्री क लिए

献辞

日本文化月間 2009 を記念し
日印文化評議会（ICJC）より
両国の絶えなき友情のために

मोमिजि क्या है?

जापानी भाषा में उस प्राकृत्तिक संवृत्ति को *मोमिजि* कहते हैं कि पेड़ों के पत्ते लाल, पीले या भूरे रंग में रँग जाते हैं। विशेषकर पर्णपाती वृक्षों में पत्तों के झड़ने के पूर्व ही यह संवृत्ति दिखाई देती है। जापान में शरद ऋतु के समय, यानी अक्तूबर-नवंबर के लगभग, *मोमिजि* होता है। एक विद्वान ने उसके हिन्दी अनुवाद को "शरदरंजन" रखा है। शरदरंजित पत्तों को भी *मोमिजि* कहते हैं। कंचेली की जाति का एक पर्णपाती वृक्ष *काएदे*, जो अंग्रेज़ी में maple तथा लैटिन में Acer palmatum कहा जाता है, के पत्ते शरद में एकदम लाल हो जाते हैं और बहुत सुंदर भी होते हैं, इसलिए *मोमिजि* शब्द कई अवसर पर विशेष रूप से उस वृक्ष के पत्तों का ही संकेत करता है।

もみじ

1 .秋に木の葉の色が赤や黄色や褐色に変わる現象。紅葉。

2 . 紅葉した木の葉。

3 . かえで (Acer palmatum) の異称。

अपनी बात

'मोमिजि के रंग' काव्य-रचना प्रस्तुत करते हुए हमें हार्दिक प्रसन्नता का अनुभव हो रहा है। इस संग्रह में जापान और भारत के प्राचीन-नवीन कवियों की *मोमिजि* या शरद ऋतु के सौंदर्य पर लिखी कविताएँ संकलित हैं। आठवीं शताब्दी से लेकर इक्कीसवीं शताब्दी तक की कविताएँ अपने बारे में ख़ुद-ब-ख़ुद ज़िक्र कर देंगी। एक तरफ़ *मानयोशू, कोकिनवाकाशू, गेंजि मोनोगातारि, गोशूइवाकाशू* सरीखे जापान के प्राचीन काव्यसंग्रहों में संकलित कविताओं के अतिरिक्त आधुनिक *तांका* तथा *हाइकु* शैली की कविताओं का, दूसरी तरफ़ कालिदास, सेनापति, पद्माकर, अयोध्यासिंह उपाध्याय हरिऔध, सच्चिदानंद हीरानंद वात्स्यायन अज्ञेय, मैथिलीशरण गुप्त, महादेवी वर्मा आदि की शरद ऋतु पर लिखित कविताओं का चयन कर एक महत्त्वपूर्ण कार्य करने का प्रयास किया गया है। हिन्दी कविताओं के चयन में डॉ. जितेन्द्र भारती की पुस्तक *हिन्दी साहित्य में ऋतु वर्णन* (उत्तर प्रदेश हिन्दी संस्थान, 1987) से काफ़ी सहायता मिली।

जापान के सांस्कृतिक मास 2009 के उपलक्ष्य में 6 नवंबर 2009 को इंडिया इंटरनेशनल सेंटर, नई दिल्ली में एक ऐसा सांस्कृतिक कार्यक्रम आयोजित किया गया जिसमें जापानी कविताओं का हिन्दी अनुवाद के साथ और हिन्दी कविताओं का जापानी अनुवाद के साथ काव्यपाठ हुआ। प्रस्तुत पुस्तक उस कार्यक्रम का पुस्तकाकार है। इस योजना के पीछे हमारा एक निश्चित उद्देश्य रहा, वह यह कि इस महत्त्वपूर्ण मास में दोनों देशों के साहित्यिक जगत को एक ऐसी भेंट दी जाए जो ऐतिहासिक दस्तावेज़ का काम करे। जब कभी इतिहास के गह्वर में कोई शोधकार्य हो तो यह संग्रह मील के पत्थर का काम करे। जापान की शरद ऋतु के सौंदर्य के प्रतीक *मोमिजि* शब्द को हिन्दी कोश में भी स्थान मिले और दोनों देशों की कविताओं के शरद-वर्णन की तुलना करके दोनों देशवासियों के सामने हमारे

हृदय की निकटता सिद्ध की जाए। और जिन कवियों को हाशिये पर डाल दिया गया, उन्हें न केवल फिर से प्रकाश में लाया जाए बल्कि उनके अनुवाद की एक निश्चित पृष्ठभूमि प्रस्तुत की जाए।

हमारा यह प्रयास भी रहा कि कविताओं के चयन में सावधानी बरती जाए। जहाँ तक जाकर पुस्तक संपन्न होती है, उससे आगे कार्य किया जाए। इसमें न केवल कविर्मनीषियों की रचनाएँ हैं, बल्कि राजनायिकों की रचनाएँ भी हैं। उनमें हमने कवि-हृदयों को तलाशने की कोशिश की है। और इसमें वे कवि भी सम्मिलित हैं जो हिन्दी और जापानी दोनों भाषाओं में काव्य-रचना करते हैं।

हिन्दी और जापानी दोनों पाठकों को लक्ष्य बनाने वाली इस पुस्तक की मुख्य विशेषता यह है कि नब्बे से अधिक कविताओं को लिप्यांतरण, अनुवाद और टिप्पणी के साथ प्रस्तुत किया गया है। जापानी कविता के साथ उसका देवनागरी लिप्यांतरण और हिन्दी अनुवाद, हिन्दी कविता के साथ उसका जापानी लिप्यांतरण और जापानी अनुवाद दिया गया है और दोनों पाठकों को ध्यान में रखते हुए आवश्यकतानुसार टिप्पणी भी दी गई है। इसलिए यह पुस्तक उन शिक्षाविदों और विद्यार्थियों के लिए लाभप्रद होगी जो जापान-भारत के साहित्य-संस्कृति में गहरी रुचि रखते हैं।

हमें यह प्रसन्नता है कि मेपल के बदलते रंगों पर कविताएँ लिखी गई हैं एक विलक्षण वृक्ष पर अद्‌भुत सौंदर्यबोध। जैसा कि पुस्तकावलोकन से यह स्पष्ट होगा कि संपूर्ण प्रकृति, यानी नदी, हवा, बर्फ़, सूरज, चाँदनी आदि, इन कविताओं को रूप प्रदान करती है। इस दुरूह काव्य-यज्ञ में जिन्होंने अपना-अपना साकल्य भेंट किया है, उनके प्रति आभार प्रकट करते हुए जापानी दूतावास और जापान फ़ाउंडेशन के प्रति भी धन्यवाद करते हैं। विशेष रूप से जापानी राजदूत हिदेअकि दोमिचि जी, हमेशा की तरह आपने शुभांशसा संदेश भेजा है। साथ ही जापान

फ़ाऊँडेशन, नई दिल्ली के तेरुयुकि होशिना जी ने *मोमिजि* पर ललित निबंध लिख इस पुस्तक की शोभा बढ़ाई है, हम उनके भी आभार हैं। हिदेअकि दोमिचि जी का संदेश और तेरुयुकि होशिनो जी का ललित निबंध इस प्रस्तावना के उपरांत प्रस्तुत है।

इस पुस्तक का उत्स आप सबका है, कमी हमारी। इन्हीं शब्दों के साथ यह कृति जापान-भारत की अखंड मैत्री को समर्पित करते हैं।

सस्नेह,

राज बुद्धिराजा

तकाकुरा योशिओ

नवंबर 2009

はじめに

詩集「紅葉の色　秋の詩」を刊行でき、大変嬉しく思います。この詩集には、日印両国の古今の詩人が紅葉や秋の美について謳った詩が収められています。8 世紀から 21 世紀までに作られた数々の詩には、紅葉や秋の様々な姿が納められています。日本からは万葉集、古今和歌集、源氏物語、後拾遺和歌集に加えて近代の短歌· 俳句、インドからはサンスクリット語詩人カーリダースの他、ヒンディー語詩人では中世のセーナーパティ、パドマーカル、近代のハリアウド、アギェーイ、マイティリーシャラン·グプト、マハーデーヴィー·ヴァルマーらの秋の詩を選びました。

日本文化月間中の 2009 年 11 月 6 日に、ニューデリーのインディア·インターナショナル·センターにおいて、日本の詩をヒンディー語訳と共に、またヒンディー語の詩を日本語訳と共に詠む詩会が開催されました。この本は、その会で詠まれた詩を中心にまとめたものです。我々の目的は、この機会に、両国の文学界に対して、歴史に残るような贈り物をしよう、将来両国の交流史をひもといたときに記念碑として認められるような詩集を作ろう、日本の秋の美の象徴である「もみじ」をヒンディー語の語彙の一部にしよう、日印両国の詩における秋の描写を比較することで、両国の人々の心の近さを証明しようというものです。また、歴史の隅に追いやられた詩人たちに再び光を当て、日本語訳と共に紹介することも目的のひとつです。

我々は、詩の選択には細心の注意を払いました。そして、この本の到達点から、さらに先に創作や研究を進めることが出来るように配慮しました。この本には単に詩人たちの作品だけでなく、政府関係者の作品も含まれています。我々は彼らの中にも詩心を見つけ出す努力をしました。さらに、この本には、ヒンディー語と日本語の両言語で詩作をする詩人の詩も収められています。

日本語の読者とヒンディー語の読者の両方をターゲットにしたこの本の大きな特徴は、90 篇以上の詩を、読み、翻訳、注釈と共に収録したことです。日本語の詩には、デーヴナーグリー文字による読みとヒンディー語訳を添えて、ヒンディー語の詩には、カタカナ読みと日本語訳を添えて収録した他、日印両国の読者を念頭に置いた注釈も加えました。よって、この本は、日印の文学や文化に高い関心を持つ教授や学生のためにも役立つでしょう。

我々は、紅葉の移ろう色を詩に詠むことができたことを嬉しく思います。この本に目を通せば、川、風、雪、太陽、月など、自然全体が詩を形作っていることに気付くでしょう。日本大使館や国際交流基金をはじめ、詩作という困難な苦行に貢献してくださった皆様に感謝します。特に、詩会開催に当たってメッセージを寄せて下さった堂道秀明駐印日本大使のお心遣いはとてもありがたいものでした。また、国際交流基金ニューデリー支部の保科輝之氏からは、紅葉をテーマにしたエッセイを送っていただきました。堂道大使のメッセージと保科氏のエッセイは、この序文の後に掲載させていただきました。

インドでの出版のため、日本語テキストの印刷には多大な苦労を要しました。日本の読者の方々の目には見苦しい部分もあるかと思います。もしこの本が高く評価していただけるならば、それは偏に皆様のおかげです。足りない部分があれば、それは全て我々の責任です。この言葉と共に、この本を日印両国の絶えなき友情のために捧げたいと思います。

愛情を込めて…

ラージ·ブッディラージャー

高倉嘉男

2009 年 11 月

Ambassador of Japan
New Delhi

I am pleased to learn that the Indian Council for Japanese Culture is organizing a poetry recital session entitled **'Momiji Ke Rang (The Colors of Momiji)'** on November 6, 2009, as an event of the ongoing Japan Cultural Month being celebrated in New Delhi during October-November 2009. It is indeed heartening that writers and poets from both India and Japan will gather to recite their poems on the theme of the autumn beauty of the maple leaves in Japan.

Dr. Raj Buddhiraja, President of the Indian Council for Japanese Culture, is a respected and prominent member of the modern-day Hindi literary fraternity. She has vast experience of teaching Hindi to thousands of scholars both in India as well as abroad, including Japan. She has written several remarkable books, articles, stories and poems in Hindi, and carved out her own unique position amongst some of today's leading Hindi writers.

Dr. Buddhiraja has been working closely in cooperation with the Embassy of Japan for the last several years, playing a significant role in promoting Japan-India cultural relations by organizing numerous cultural events such as painting exhibitions, origami or paper-folding classes, poetry sessions, and so on, with the aim of popularizing Japanese culture and language in India.

Along with the many awards and honours she has received during her distinguished career, she has also been honoured with '*The Order of the Sacred Treasure - Gold Rays with Neck Ribbon*', conferred upon her by His Majesty the Emperor of Japan, in the year 2000.

While congratulating Dr. Buddhiraja for this initiative, I offer my best wishes for the success of the event, and hope that she will continue with more such interesting endeavors in the future.

Hideaki Domichi

HIDEAKI DOMICHI
Ambassador of Japan to India

「もみじ」について思うこと

保科　輝之

国際交流基金

ブッディラージャー女史から詩をつくって送るように依頼された。

題名は「もみじ」である。

日本では、秋になると、北から順に
山々は、赤、黄色、オレンジといった色に染められていく。
気温が下がって、木々の葉っぱの色が変わるためだ。
赤や黄色に染まった山々は
まるで一枚の絵のようだ。

一枚の絵、のようではあるが
ぴんと張り詰めた冷たい秋の空気に
僕は、そこに大自然の哀しさをみる。

話は変わるが、僕は、子供のころ
毎年２月になるといつも風邪をひいていた。
２月は、日本では、一年のなかでもっとも寒い月である。

僕は大人になった今でも、秋になると
もう来年のことを考え

今度こそ風邪をひかないぞと
何ヶ月も前から、身構える。

身構えるのは
きっと僕だけではなく
山々も同じなのだと
子供のころ、考えていた。

冬の山は、葉が落ち、雪が積もる。
そうなることを予期する山の気持ちが
秋のうちに、赤や黄色の紅葉となって
おもてに現れるのだ。

秋になれば、そのあとには、冬となる。
冬になれば、ことわざにもあるとおり
春が来るのはそう遠くない。

しかし、春が来たら
夏が来て
また秋が続き
冬が来る。

人は、きっとそのようにして
歳をとっていくのだと思う。

"*मोमिजि*" पर

तेरुयुकि होशिनो

डिरेक्टर, जापान फ़ाउंडेशन

श्रीमती बुद्धिराजा का अनुरोध आया था कि कविता लिखके भेजें।
कविता का विषय "*मोमिजि*" था।
जापान में, शरद ॠतु में, उत्तर की ओर से क्रमशः
पहाड़ लाल, पीले और नारंगी रंग में रँग जाते हैं।
क्योंकि तापमान के उतार से पेड़ों के पत्तों का रंग बदल जाता है।
लाल-पीले रंग में रँगे पहाड़ों का दृश्य ऐसा है
कि मानो एक चित्र हो।

एक चित्र... हाँ, यह उपमा सही है,
लेकिन शरद की ठंडी हवा में
मुझे प्रकृति का दुख महसूस होता है।

मुझे बचपन में
हर फ़रवरी में ज़ुकाम हो जाता था।
जापान में फ़रवरी सबसे ठंडा महीना है।

आज भी जब शरद आता है तो
फ़रवरी के बारे में सोचने लग जाता हूँ
कि इस बार बीमार न होऊँ,
और तैयारी शुरू कर लेता हूँ।

फ़रवरी के लिए तैयारी
शायद मैं ही नहीं
पहाड़ भी करते हैं,
बचपन में ऐसा सोचता था।

जाड़े के पहाड़ में पेड़ नंगे हो जाते हैं और बर्फ़ से ढक जाते हैं।
पहाड़ उससे डरते हैं।
शरद में वह डर लाल-पीले रंग के पत्तों के रूप में
प्रकट हो जाता है।

शरद ऋतु के बाद शीत ऋतु आती है।
शीत ऋतु के बाद, जैसे कहावत में भी बताया जाता है,
वसंत ऋतु आने का दिन दूर नहीं होता है।

लेकिन वसंत ऋतु के बाद
ग्रीष्म ऋतु आती है
और फिर शरद ऋतु आती है
उसके बाद आती है शीत ऋतु।

हम इंसान इसी तरह
बूढ़े होते जाते हैं।

अनुक्रम

भारत की कविताएँ

目次

インドの詩

日本の詩

जापान की कविताएँ

1

秋山に
もみつ木の葉の
うつりなば
さらにや秋を
見まく欲りせむ

आकियामा नि
मोमित्सु कोनोहा नो
उत्सुरिनाबा
सारःनिया आकि ओ
मिमाकु होरिसेन

शरद के पर्वत पर
जब *मोमिजि* के पत्ते
लाल होकर झड़ेंगे
शरद के दर्शन की चाह
और भी बढ़ जाएगी?

1

詩人 : 山部王 (やまべのおおきみ)

万葉集より。山部王は生年不詳、672 年に戦死した皇族。

翻訳 : 菊池智子

रचनाकार : यामाबे नो ओकिमि

8वीं शताब्दी में संकलित काव्यसंग्रह *मानयोशू* से । *मानयोशू* का शाब्दिक अर्थ “लाखों पत्तों का संग्रह” है और यह जापान का सबसे प्राचीन काव्यसंग्रह है। यह *तांका* शैली की कविता है। *तांका* उस लघु काव्य को कहते हैं जो प्रत्येक छंद में क्रमशः 5 7 5 7 7 मात्राएँ, कुल 31 मात्राएँ हों। इस कविता का रचनाकार 7वीं शताब्दी का कोई राजकुमार है जिसकी मृत्यु 672 में हुई।

हिन्दी अनुवाद : तोमोको किकुचि

2

言とはぬ
木すら春咲き
秋づけば
もみぢ散らくは
常を無みこそ

कोतोतोवानु
कि सुरा हारु साकि
आकि ज़ुकेबा
मोमिजि चिराकुवा
त्सुने ओ नामिकोसो

पेड़ बात नहीं करता
पर बसंत में खिलता है
मोमिजि शरद में झड़ता है
जिसमें परिवर्तन नहीं आता
ऐसा कोई नहीं होता

2

詩人：大伴宿禰家持(おおともすくねやかもち)

万葉集より。大伴宿禰家持は 718～785 年頃の著名な歌人で、万葉集の撰者に目されている。

翻訳：菊池智子

रचनाकार : ओतोमो नो सुकुने यकामोचि

काव्यसंग्रह *मानयोशू* से । रचनाकार का जीवनकाल 718 से 785 के लगभग माना जाता है। वे अपने युग का बहुत प्रसिद्ध कवि थे और *मानयोशू* के संपादकों में से एक माना जाता है।

हिन्दी अनुवाद : तोमोको किकुचि

3

天の河
紅葉を橋に
わたせばや
七夕つめの
秋をしも待つ

आमानोकावा
मोमिजि ओ हाशि नि
वातासेबाया
तानाबातात्सुमे नो
आकि ओ शिमो मात्सु

आकाशगंगा पर
मोमिजि का पुल
लगेगा इसलिए
ओरिहिमे को है
शरद के इंतज़ार में

3

詩人：読人知らず

古今和歌集より。七夕つめとは織姫のこと。

翻訳：高倉嘉男

रचनाकार : अज्ञात कवि

905 ई. में तत्कालीन सम्राट् के आज्ञानुसार संकलित काव्यसंग्रह *कोकिनवाकाशू* से । *कोकिनवाकाशू* का शाब्दिक अर्थ "प्राचीन एवं आधुनिक काव्यों का संग्रह" है । इस कविता का रचनाकार अज्ञात है । जापान के प्राचीन काव्यसंग्रहों में गुमनाम कवियों की बहुत-सी रचनाएँ मिलती हैं। शायद वे जनसमूह से ली गई हों । *ओरिहिमे* मिथक की एक नायिका है । *ओरिहिमे* को भगवान द्वारा शरद के सिर्फ़ एक दिन आकाशगंगा के दूसरे तट पर रहनेवाले अपने प्रेमी *हिकोबोशि* से मिलने की अनुमति दी गई है ।

हिन्दी अनुवाद : योशिओ तकाकुरा

4

久方の
月の桂も
秋はなほ
もみぢすればや
照りまさるらむ

हिसाकाता नो
त्सुकि नो कात्सुरा मो
आकि वा नाओ
मोमिजि सुरेबाया
तेरिमासारुरान

चाँद के
कात्सुरा वृक्ष के पत्ते भी
शरद में
पीले हो गए होंगे
इसलिए चाँदनी बढ़ गई होगी

4

詩人：壬生忠岑(みぶのただみね)

古今和歌集より。壬生忠岑は生没年不詳だが、860～920年頃とされる。三十六歌仙の 1 人。

翻訳：高倉嘉男

रचनाकार : मिबु नो तादामिने

काव्यसंग्रह *कोकिनवाकाशू* से। रचनाकार का जीवनकाल 860 से 920 के बीच माना जाता है। छत्तीस कविमुनियों में से एक। *कात्सुरा* एक पर्णपाती उच्च वृक्ष हैं और शरद में उसके पत्ते पीले हो जाते हैं। प्राचीन जापान में माना जाता था कि चाँद पर भी *कात्सुरा* उगते हैं।

हिन्दी अनुवाद : योशिओ तकाकुरा

5

秋萩も
色づきぬれば
きりぎりす
我が寝ぬごとや
夜はかなしき

आकिहागि मो
इरोज़ुकिनुरेबा
किरिगिरिसु
वागा नेनु गोतोया
योरु वा कानाशिकि

हागि वृक्ष भी शरद में
रँगते जा रहे हैं,
ए झींगुर
तू भी सोया नहीं
रात की तनहाई में

5

詩人：読人知らず

古今和歌集より。

翻訳：高倉嘉男

रचनाकार : अज्ञात कवि

काव्यसंग्रह *कोकिनवाकाशू* से । *हागि* एक बहुवर्षी पर्णपाती क्षुप है । जापान में शरद के समय झाड़ों में से झींगुरों की मधुर आवाज़ सुनाई देती है और वह भी *मोमिजि* की तरह शारदीय कविता का लोकप्रिय विषय है ।

हिन्दी अनुवाद : योशिओ तकाकुरा

6

もみぢ葉の
散りてつもれる
我が宿に
誰をまつ虫
ここら鳴くらむ

मोमिजि बा नो
चिरिते त्सुमोरेरु
वागा यादो नि
दारे ओ मात्सुमुशि
कोकोरा नाकुरान

मोमिजि से ढकी
मेरी कुटी में
एक झींगुर
किसके इंतज़ार में
रह-रहकर रो रहा है

6

詩人：読人知らず

古今和歌集より。

翻訳：高倉嘉男

रचनाकार : अज्ञात कवि

काव्यसंग्रह *कोकिनवाकाशू* से।

हिन्दी अनुवाद : योशिओ तकाकुरा

7

奥山に
もみぢ踏みわけ
鳴く鹿の
声聞く時ぞ
秋はかなしき

ओकुयामा नि
मोमिजि फुमिवाके
नाकु शिका नो
कोए किकु तोकि ज़ो
आकि वा कानाशिकि

जंगल के बीच
झड़े पत्तों पर चलते
हिरन की आवाज़
शरद का दुख
कहीं बढ़ा देती है

7

詩人：読人知らず

古今和歌集より。

翻訳：高倉嘉男

रचनाकार : अज्ञात कवि

काव्यसंग्रह *कोकिनवाकाशू* से।

हिन्दी अनुवाद : योशिओ तकाकुरा

8

ちはやぶる
神なび山の
もみぢ葉に
思ひはかけじ
うつろふものを

चिहायाबुरु
कान्नाबियामा नो
मोमिजि बा नि
ओमोइ वा काकेजि
उत्सुरो मोनो ओ

पहाड़ों के
मोमिजि का
क्या भड़ोसा
जिसका रंग तो
बदल ही जाता है

8

詩人：読人知らず

古今和歌集より。

翻訳：高倉嘉男

रचनाकार : अज्ञात कवि

काव्यसंग्रह *कोकिनवाकाशू* से।

हिन्दी अनुवाद : योशिओ तकाकुरा

9

同じ枝を
わきて木の葉の
うつろふは
西こそ秋の
はじめなりけれ

ओनाजि ए ओ
वाकिते कोनोहा नो
उत्सुरो वा
निशि कोसो आकि नो
हाजिमेनारिकेरे

एक डाल के पत्ते
एक तरफ़ से धीरे-धीरे
रंजित होते जा रहे हैं
पश्चिम से शरद
शुरू हो रही है

9

詩人：藤原勝臣(ふじわらのかちおん)

古今和歌集より。

翻訳：高倉嘉男

रचनाकार : फ़ुजिवारा नो काचिओन

काव्यसंग्रह *कोकिनवाकाशू* से। कवि का जीवनकाल अज्ञात है। प्राचीन जापान में यह मान्यता थी कि शरद पश्चिम से शुरू होती है।

हिन्दी अनुवाद : योशिओ तकाकुरा

10

秋風の
吹きにし日より
音羽山
峰の梢も
色づきにけり

आकिकाज़े नो
फुकिनिशि हि योरि
ओतोवायामा
मिने नो कोज़ुए मो
इरोज़ुकिनिकेरि

शरद की हवा
चलने लगी उसी दिन से
ओतोवायामा पर्वत के
पेड़ों के पत्ते भी
रँगने लगे हैं

10

詩人 : 紀貫之 (きのつらゆき)

古今和歌集より。紀貫之は 866 年または 872 年に生まれ、945 年に没した歌人。三十六歌仙の 1 人で、古今和歌集の編者の 1 人。音羽山は京都市と大津市の間に位置する山。

翻訳 : 高倉嘉男

रचनाकार : कि नो त्सुरायुकि

काव्यसंग्रह *कोकिनवाकाशू* से। रचनाकार का जन्म 866 या 872 ई. में हुआ और मृत्यु 945 ई. में। छत्तीस कविमुनियों में गिने जाने वाला प्रसिद्ध कवि और *कोकिनवाकाशू* के संपादकों में से एक। *ओतोवायामा* जापान की पुरानी राजधानी *क्योतो* के पास स्थित एक पर्वत है।

हिन्दी अनुवाद : योशिओ तकाकुरा

11

白露の
色はひとつを
いかにして
秋の木の葉を
ちぢに染むらむ

शिरात्सुयु नो
इरो वा हितोत्सु ओ
इकानि शिते
आकि नो कोनोहा ओ
चिजि नि सोमुरान

शबनम
एकरंगी होते हुए
किस तरह
पेड़ों के पत्तों को
रंग-बिरंग कर देती है?

11

詩人 : 藤原敏行 (ふじわらのとしゆき)

古今和歌集より。藤原敏行は生年不詳、没年は 901 年または 907 年とされる。三十六歌仙の 1 人。詩は、夜露が木の葉を紅葉させるという迷信に基づいている。

翻訳 : 高倉嘉男

रचनाकार : फुजिवारा नो तोशियुकि

काव्यसंग्रह *कोकिनवाकाशू* से। रचनाकार का जन्मकाल अज्ञात, मृत्यु 901 या 907 ई. में। छत्तीस कविमुनियों में से एक। प्राचीन जापान में माना जाता था कि शरद की शबनम पेड़ों के पत्तों को रंजित कर देती है।

हिन्दी अनुवाद : योशिओ तकाकुरा

12

秋の夜の
露をば露と
置きながら
雁の涙や
野辺を染むらむ

आकि नो यो नो
त्सुयु ओबा त्सुयु तो
ओकिनागारा
कारि नो नामिदा या
नोबे ओ सोमुरान

शरद रात की
शबनम भी असर
करती है लेकिन
बतों के आँसू भी
पत्तों को रँग देते हैं

12

詩人：壬生忠岑(みぶのただみね)

古今和歌集より。

翻訳：高倉嘉男

रचनाकार : मिबु नो तादामिने

काव्यसंग्रह *कोकिनवाकाशू* से । बत पक्षी भी जापानी कविताओं के शरद-वर्णन का एक विषय है क्योंकि शरद में बतों का झुंड रूस से जापान उड़ आता है।

हिन्दी अनुवाद : योशिओ तक़ाकुरा

13

ちはやぶる
神のいがきに
はふくずも
秋にはあへず
うつろひにけり

चिहायाबुरु
कामि नो इगाकि नि
हाउ कुज़ु मो
आकि निवा आएज़ु
उत्सुरोइनिकेरि

मंदिर में
उगी लता भी
शरद में
बच न पाई
रँग गई

13

詩人：紀貫之

古今和歌集より。

翻訳：高倉嘉男

रचनाकार : कि नो त्सुरायुकि

काव्यसंग्रह *कोकिनवाकाशू* से।

हिन्दी अनुवाद : योशिओ तकाकुरा

14

雨降れば
笠取り山の
もみぢ葉は
行きかふ人の
袖さへぞてる

आमे फुरेबा
कासातोरियामा नो
मोमिजि बा वा
इकिको हितो नो
सोदे साएज़ो तेरु

बारिश के बाद
कासातोरियामा पर्वत के
मोमिजि के पत्ते
आते-जाते लोगों की
आस्तीनों को भी चमका रहे हैं

14

詩人：壬生忠岑

古今和歌集より。笠取山は京都府にある山。

翻訳：高倉嘉男

रचनाकार : मिबु नो तादामिने

काव्यसंग्रह *कोकिनवाकाशू* से । *कासातोरियामा* जापान की पुरानी राजधानी *क्योतो* के पास स्थित एक पर्वत है।

हिन्दी अनुवाद : योशिओ तकाकुरा

15

散らねども
かねてぞ惜しき
もみぢ葉は
今はかぎりの
色と見つれば

चिरानेदोमो
कानेतेज़ो ओशिकि
मोमिजि बा वा
इमा वा कागिरि नो
इरो तो मित्सुरेबा

न झड़े तभी से
हमें दुखा देते हैं
मोमिजि के पत्ते
उनके सुंदर रंग
अब के ही होते हैं

15

詩人：読み人知らず

古今和歌集より。

翻訳：高倉嘉男

रचनाकार : अज्ञात कवि

काव्यसंग्रह *कोकिनवाकाशू* से।

हिन्दी अनुवाद : योशिओ तकाकुरा

16

佐保山の
ははそのもみぢ
散りぬべみ
夜さへ見よと
照らす月影

साहोयामा नो
हाहासो नो मोमिजि
चिरिनुबेमि
योरु साए मियो तो
तेरासु त्सुकिकागे

साहोयामा पर्वत के
पेड़ों के *मोमिजि*
अब झड़ने ही वाले हैं
चाँदनी बरसती इसलिए है
कि रात को भी वे दिख सकें

16

詩人：読み人知らず

古今和歌集より。佐保山は奈良県にある山。「ははそ」は木の名前だが、何の木かは不明。

翻訳：高倉嘉男

रचनाकार : अज्ञात कवि

काव्यसंग्रह *कोकिनवाकाशू* से। *साहोयामा* जापान की पुरानी राजधानी *नारा* के पास स्थित पर्वत है।

हिन्दी अनुवाद : योशिओ तकाकुरा

17

奥山の
いはがきもみぢ
散りぬべし
照る日の光
見る時なくて

ओकुयामा नो
इवागाकि मोमिजि
चिरिनुबेशि
तेरु हिनोहिकारि
मिरु तोकि नाकुते

पत्थरों से घिरा
जंगली *मोमिजि*
झड़ ही जाएगा
सूरज की रोशनी
देखे बिना

17

詩人：藤原関雄(ふじわらのせきお)

古今和歌集より。藤原関雄の生没年は 805 ~ 853 年。

翻訳：高倉嘉男

रचनाकार : फ़ुजिवारा नोसेकिओ

काव्यसंग्रह *कोकिनवाकाशू* से। कवि का जीवनकाल 805 से 853 ई. है।

हिन्दी अनुवाद : योशिओ तकाकुरा

18

竜田川
もみぢ乱れて
流るめり
渡らば錦
中や絶えなむ

तात्सुतागावा
मोमिजि मिदारेते
नागारुमेरि
वाताराबा निशिकि
नाका या ताएनान

तात्सुतागावा नदी पर
मोमिजि के रंग-बिरंग पत्ते
बह रहे हैं
नाव से यह ज़री
बीच में कट न जाए

18

詩人：読み人知らず

古今和歌集より。竜田川は奈良県を流れる河川。

翻訳：高倉嘉男

रचनाकार : अज्ञात कवि

काव्यसंग्रह *कोकिनवाकाशू* से । *तात्सुतागावा* जापान की पुरानी राजधानी *नारा* में बहने वाली नदी है।

हिन्दी अनुवाद : योशिओ तकाकुरा

19

秋風に
あへず散りぬる
もみぢ葉の
ゆくへさだめぬ
我ぞかなしき

आकिकाज़े नि
आएज़ु चिरिनुरु
मोमिजि बा नो
युकुए सादामेनु
वारे ज़ो कानाशिकि

शरद की हवा
लगकर झड़ जाते हैं
मोमिजि के पत्ते
मेरी ज़िन्दगी का भी
कोई ठिकाना नहीं

19

詩人：読み人知らず

古今和歌集より。

翻訳：高倉嘉男

रचनाकार : अज्ञात कवि

काव्यसंग्रह *कोकिनवाकाशू* से।

हिन्दी अनुवाद : योशिओ तकाकुरा

20

秋は来ぬ
紅葉は宿に
降りしきぬ
道踏みわけて
とふ人はなし

आकि वा कोनु
मोमिजि वा यादो नि
फ़ुरिशिकिनु
मिचि फ़ुमिवाकेते
तो हितो वा नाशि

पतझड़ आया
मोमिजि बरसे
मेरे आँगन में
मगर उन्हें चीरते
आने वाला कोई नहीं

20

詩人：読み人知らず

古今和歌集より。

翻訳：高倉嘉男

रचनाकार : अज्ञात कवि

काव्यसंग्रह *कोकिनवाकाशू* से।

हिन्दी अनुवाद : योशिओ तकाकुरा

21

秋の月
山辺さやかに
照らせるは
落つるもみぢの
数を見よとか

आकि नो त्सुकि
यामाबे सायाका नि
तेरासेरुवा
ओत्सुरु मोमिजि नो
काज़ु ओ मियो तोका

शरद का चाँद
पहाड़ों को
रोशन कर रहा है
झड़ते *मोमिजि*
दिखाना चाहता है?

21

詩人：読み人知らず

古今和歌集より。

翻訳：高倉嘉男

रचनाकार : अज्ञात कवि

काव्यसंग्रह *कोकिनवाकाशू* से।

हिन्दी अनुवाद : योशिओ तकाकुरा

22

吹く風の
色のちぐさに
見えつるは
秋の木の葉の
散ればなりけり

फ़ुकु काज़े नो
इरो नो चिगुसा नि
मिएत्सुरुवा
आकि नो कोनोहा नो
चिरेबानारिकेरि

चलती हवा
रंग-बिरंगी
दिख रही है
शरद के पत्ते
झड़ रहे हैं

22

詩人：読み人知らず

古今和歌集より。

翻訳：高倉嘉男

रचनाकार : अज्ञात कवि

काव्यसंग्रह *कोकिनवाकाशू* से।

हिन्दी अनुवाद : योशिओ तककुरा

23

わび人の
わきて立ち寄る
木のもとは
たのむかげなく
もみぢ散りけり

वाबिबितो नो
वाकिते ताचियोरु
कि नो मोतो वा
तानोमु काज़े नाकु
मोमिजि चिरिकेरि

जिस पेड़ तले
वैरागी बैठा करता था
उसका साया
अब नहीं है
मोमिजि झड़ चुके हैं

23

詩人 : 僧正遍照(そうじょうへんじょう)

古今和歌集より。僧正遍照の生没年は 816~890 年。三十六歌仙の 1 人。

翻訳 : 高倉嘉男

रचनाकार : सोजो हेंजो

काव्यसंग्रह *कोकिनवाकाशू* से। रचनाकार का जीवनकाल 816 से 890 ई. है। छत्तीस कविमुनियों में से एक। वे राज परिवार में पैदा होने के बावजूद संन्यास लेकर बौध भिक्षु बने थे।

हिन्दी अनुवाद : योशिओ तकाकुरा

24

もみぢ葉の
流れてとまる
みなとには
紅深き
浪や立つらむ

मोमिजि बा नो
नागारेते तोमारु
मिनातो निवा
कुरेनाइ फ़ुकाकि
नामि या तात्सुरान

मोमिजि के पत्तों के
बहकर रुक जानेवाले
मुहाने में
लाल-लाल लहरें
उठ रही होंगी

24

詩人：素性法師(そせいほうし)

古今和歌集より。素性法師は生年不詳、没年は 910 年か。僧正遍照の息子。三十六歌仙の 1 人。

翻訳：高倉嘉男

रचनाकार : सोसे होशि

काव्यसंग्रह *कोकिनवाकाशू* से। रचनाकार का जन्मकाल अज्ञात, मृत्युकाल 910 ई. बताया जाता है। सोजो हेंजो का पुत्र और छत्तीस कविमुनियों में से एक।

हिन्दी अनुवाद : योशिओ तकाकुरा

25

我がきつる
方も知られず
くらぶ山
木ぎの木の葉の
散るとまがふに

वागा कित्सुरु
काता मो शिरारेज़ु
कुराबुयामा
किगि नो कोनोहा नो
चिरु तो मागो नि

किधर से आए
गुमराह हो जाएँ
कुराबुयामा पर्वत के
पेड़ों के पत्ते जो
इतने झड़ रहे हैं

25

詩人：藤原敏行

古今和歌集より。くらぶ山とは京都府にある鞍馬山のこと。

翻訳：高倉嘉男

रचनाकार : फुजिवारा नो तोशियुकि

काव्यसंग्रह *कोकिनवाकाशू* से । *कुराबुयामा* जापान की पुरानी राजधानी *क्योतो* में स्थित पर्वत है जो आज *कुरामायामा* के नाम से जाना जाता है ।

हिन्दी अनुवाद : योशिओ तकाकुरा

26

竜田姫
たむくる神の
あればこそ
秋の木の葉の
ぬさと散るらめ

तात्सुताहिमे
तामुकुरु कामि नो
आरेबा कोसो
आकि नो कोनोहा नो
नुसा तो चिरुरामे

तात्सुताहिमे देवी को
विदा कर रहा है
सो शरद में
पेड़ों के पत्ते
इतने झड़ रहे हैं

26

詩人：兼覧王(かねみのおおきみ)

古今和歌集より。兼覧王は生年不詳、没年は 932 年か。竜田姫とは秋の女神で、奈良県の竜田大社の祭神。

翻訳：高倉嘉男

रचनाकार : कानेमि नो ओकिमि

काव्यसंग्रह *कोकिनवाकाशू* से। रचनाकार का जन्मकाल अज्ञात, मृत्युकाल 932 के लगभग। *तात्सुताहिमे* शरद की देवी है जिसे जापान की पुरानी राजधानी *नारा* में स्थित *तात्सुता* मंदिर में पूजा जाता है।

हिन्दी अनुवाद : योशिओ तकाकुरा

27

風吹けば
落つるもみぢ葉
水清み
散らぬ影さへ
底に見えつつ

काज़े फुकेबा
ओत्सुरु मोमिजि बा
मिज़ु कियोमि
चिरानु काज़े साए
सोको नि मिएत्सुत्सु

हवा चल रही है
मोमिजि झड़ रहे हैं
डाल पे बचे पत्ते भी
निर्मल जल के अंदर
डूबे दिख रहे हैं

27

詩人：凡河内躬恒(おうしこうちのみつね)

古今和歌集より。凡河内躬恒の生没年は 859～925 年か。三十六歌仙の 1 人。

翻訳：高倉嘉男

रचनाकार : ओशिकोचि नो मित्सुने

काव्यसंग्रह *कोकिनवाकाशू* से। रचनाकार का जीवनकाल 859 से 925 ई. बताया जाता है। छत्तीस कविमुनियों में से एक।

हिन्दी अनुवाद : योशिओ तकाकुरा

28

もみぢ葉は
袖にこき入れて
もていでなむ
秋はかぎりと
見む人のため

मोमिजि बा वा
सोदे नि कोकीरेते
मोते इदेनान
आकि वा कागिरि तो
मिन हितो नो तामे

मोमिजि के पत्ते
जेब में रख ले जाऊँ
उसी के लिए
जिसके साथ देखना है
शरद का अंत

28

詩人：素性法師

古今和歌集より。

翻訳：高倉嘉男

रचनाकार : सोसे होशि

काव्यसंग्रह *कोकिनवाकाशू* से।

हिन्दी अनुवाद : योशिओ तकाकुरा

29

み山より
落ちくる水の
色見てぞ
秋はかぎりと
思ひ知りぬる

मियामा योरि
ओचिकुरु मिज़ु नो
इरो मितेज़ो
आकि वा कागिरि तो
ओमोइ शिरिनुरु

पहाड़ से
बह आए पानी का
रंग देख
शरद का अंत
मालूम हुआ

29

詩人：藤原興風(ふじわらのおきかぜ)

古今和歌集より。藤原興風は生没年不詳、三十六歌仙の 1 人。

翻訳：高倉嘉男

रचनाकार : फ़ुजिवारा नो ओकिकाज़े

काव्यसंग्रह *कोकिनवाकाशू* से । रचनाकार का जीवनकाल अज्ञात है । छत्तीस कविमुनियों में से एक ।

हिन्दी अनुवाद : योशिओ तकाकुरा

30

秋をへて
時雨ふりぬる
里人も
かかる紅葉の
おりをこそ見ね

आकि ओ हेते
शिगुरे फ़ुरिनुरु
सातोबितो मो
काकारु मोमिजि नो
ओरि ओ कोसो मिने

कई शरद बीत चुकी
कई झींसी-फूहियाँ बरस गयी
मेरे लोक जीवन में
इतने सुंदर *मोमिजि* को
मैंने कभी नहीं देखा

30

詩人：紫式部

源氏物語より。作者とされる紫式部の生没年は 978 ~ 1016 年か。この短歌は物語中では朱雀院が詠む。

翻訳：菊池智子

रचनाकार : मुरासाकि शिकिबु

उपन्यास *गेंजि मोनोगातारि* से । *गेंजि मोनोगातारि*, जिसका अधिकांश 1001 ई. तक लिखा जा चुका था, विश्व का सबसे पुराना उपन्यास माना जाता है । कहानी के बीच-बीच में बहुत सी कविताएँ सम्मिलित हैं । कवयित्री का जीवनकाल 978 से 1016 ई. के लगभग माना जाता है और छत्तीस कविमुनियों में से एक है । यह कविता कहानी में राजगद्दी से निवृत्त सुज़ाकुइन नामक पूर्वसम्राट् रचता है ।

हिन्दी अनुवाद : तोमोको किकुचि

31

世のつねの
紅葉とや見る
いにしへの
ためしにひける
庭の錦を

यो नो त्सुने नो
मोमिजि तो या मिरु
इनिशिए नो
तामेशि नि हिकेरु
निवा नो निशिकि ओ

सामान्य *मोमिजि* मान कर
इसे देख रहे हैं?
युगांतर से आयोजित
मोमिजि की यह वाटिका
ज़री सी बन गई है

31

詩人：紫式部

源氏物語より。物語中では 30 番の短歌の返歌として冷泉帝が詠む。

翻訳：菊池智子

रचनाकार : मुरासाकि शिकिबु

उपन्यास *गेंजि मोनोगातारि* से। यह कविता कहानी में पूर्वसम्राट् द्वारा रचित न. 30 की कविता के जवाब में वर्तमान सम्राट् द्वारा रची गई है। न. 30 की कविता में आज के *मोमिजि* के सौंदर्य को उपमा बनाकर बताया गया है कि आप के युग में देश की स्थिति मेरे युग से कहीं बेहतर हो गई है, उसका जवाब यह कविता देती है कि आज की यह समृद्धि आपके युग के सुशासन का फल ही है।

हिन्दी अनुवाद : तोमोको किकुचि

32

心から
春まつ苑は
わがやどの
紅葉を風の
つてにだに見よ

कोकोरो कारा
हारु मात्सु सोनो वा
वागा यादो नो
मोमिजि ओ काज़े नो
त्सुते नि दानि मियो

उत्सुकता से
आप बसंत के आगमन की राह देखते
अपनी वाटिका से
मोमिजि भेज रही हूँ
जिसे हवा का दूत मान लीजिएगा

32

詩人：紫式部

源氏物語より。物語中では秋好中宮(あきこのむちゅうぐう)が詠む。

翻訳：菊池智子

रचनाकार : मुरासाकि शिकिबु

उपन्यास *गेंजि मोनोगातारि* से। कहानी में राजकुमारी *आकिकोनोमु चूगू* नायक *हिकारु गेंजि* की पत्नी *मुरासाकि नो उए* को यह कविता लिख भेजती है।

हिन्दी अनुवाद : तोमोको किकुचि

33

風に散る
紅葉はかろし
春のいろを
岩ねの松に
かけてこそ見め

काज़े नि चिरु
मोमिजि वा कारोशि
हारु नो इरो ओ
इवाने नो मात्सु नि
काकेते कोसो मिमे

मोमिजि के पत्ते हलके हैं
झड़कर हवा में बिखरते
वसंत के रंग को
जो सदा हरा रहता है
चीड़ में ही देखिएगा

33

詩人：紫式部

源氏物語より。物語中では紫の上が詠む。

翻訳：菊池智子

रचनाकार : मुरासाकि शिकिबु

उपन्यास *गेंजि मोनोगातारि* से। कहानी में न. 32 की कविता के जवाब में नायक *हिकारु गेंजि* की पत्नी *मुरासाकि नो उए* यह कविता लिखती है। न. 32 की कविता में कहा गया है कि आप वसंत का ही इंतज़ार कर रही हैं, लेकिन शरद भी सुंदर है, *मोमिजि* भी देखिए। *मुरासाकि नो उए* इस कविता में कहती है कि *मोमिजि* जल्दी झड़ जाता है, वसंत के सौंदर्य के सामने कुछ नहीं है।

हिन्दी अनुवाद : तोमोको किकुचि

34

嵐吹く
三室の山の
もみぢ葉は
龍田の川の
錦なりけり

आराशि फ़ुकु
मिमुरो नो यामा नो
मोमिजि बा वा
तात्सुता नो कावा नो
निशिकि नारिकेरि

उठ रहा तूफ़ान
मिमुरो के पर्वत पर
मोमिजि के पत्ते
तात्सुता की नदी की
वे ज़री ही है

34

詩人：能因法師(のういんほうし)

後拾遺和歌集より。後拾遺和歌集は 1086 年完成。能因法師の生没年は 988～1058 年頃。三十六歌仙の 1 人。三室山と竜田川は共に奈良県にある。

翻訳：菊池智子

रचनाकार : नोइन होशि

तत्कालीन सम्राट् शिराकावा के आज्ञानुसार 1086 में संकलित काव्यसंग्रह *गोशुइ वाकाशू* से। कवि का जीवनकाल 988 से 1058 के लगभग। छत्तीस कविमुनियों में से एक। *मिमुरो* पर्वत और *तात्सुता* नदी दोनों जापान की पुरानी राजधानी *नारा* में स्थित हैं।

हिन्दी अनुवाद : तोमोको किकुचि

35

もみぢ葉の
雨と降るなる
この間より
あやなく月の
影ぞもりくる

मोमिजि बा नो
आमे तो फ़ुरुनारु
कोनो मा योरि
आयानाकु त्सुकि नो
कगे ज़ो मोरिकुरु

मोमिजि की
बारिश के बीच
न जाने कैसे
छनछनकर चाँदनी
निकल रही है

35

詩人：白河天皇（しらかわてんのう）

後拾遺和歌集より。白河天皇の生没年は 1053～1129 年。後拾遺和歌集は白河天皇の勅命により編纂された。

翻訳：高倉嘉男

रचनाकार : सम्राट् शिराकावा

काव्यसंग्रह *गोशुइ वाकाशू* से। सम्राट् शिराकावा का जीवनकाल 1053 से 1129 ई. है। उनकी आज्ञा से इस काव्यसंग्रह का संपादन हुआ।

हिन्दी अनुवाद : योशिओ तकाकुरा

36

色付くや
豆腐に落ちて
薄紅葉

इरोज़ुकु या
तोफ़ु नि ओचिते
उसु मोमिजि

और रंगीन हुआ
तोफ़ु के ऊपर गिर कर
हलकी सी लालिमा आए हुए *मोमिजि*

36

詩人：松尾芭蕉（まつおばしょう）

松尾芭蕉の生没年は 1644～1694 年。

翻訳：菊池智子

रचनाकार : मात्सुओ बाशो

हाइकु शैली की कविता। *हाइकु* के प्रत्येक छंद में 5 7 5 मात्राएँ हैं, यानी कुल 17 मात्राएँ ही हैं और इस शैली का नियम यह है कि कविता में ऋतु संबंधी शब्द (*किगो*) का प्रयोग हो। मात्सुओ बाशो, जिनका जीवनकाल 1644 से 1694 ई. है, *हाइकु* के प्रवर्तक के रूप में प्रसिद्ध हैं। इस कविता का *किगो* शरद का प्रतीक *मोमिजि* है।

हिन्दी अनुवाद : तोमोको किकुचि

37

日の暮の
背中淋しき
紅葉哉

हि नो कुरे नो
सेनाका साबिशिकि
मोमिजि काना

संध्या काल
पीठ एकाकी
मोमिजि हो

37

詩人：小林一茶（こばやしいっさ）

小林一茶の生没年は 1763～1828 年。

翻訳：菊池智子

रचनाकार : कोबायाशि इस्सा

हाइकु शैली की कविता। कोबायाशि इस्सा भी बहुत प्रसिद्ध *हाइकु* कवि है, जिनका जीवनकाल 1763 से 1828 ई. है। इस कविता का *किगो* भी *मोमिजि* है।

हिन्दी अनुवाद : तोमोको किकुचि

38

あらし山
ふもとの寺の
かねの音に
暮るゝ紅葉の
かげぞさびしき

आराशियामा
फ़ुमोतो नो तेरा नो
काने नो ने नि
कुरुरु मोमिजि नो
कागे ज़ो साबिशिकि

आराशि पर्वत की उपत्यका
मंदिर से घंटे की
ध्वनि सुनाई देती है
अत्यंत एकाकी
संध्या काल के *मोमिजि* की छाया

38

詩人：樋口一葉（ひぐちいちよう）

樋口一葉の生没年は 1872～1896 年。

翻訳：菊池智子

रचनाकार : हिगुचि इचियो

आधुनिक युग की *तांका* शैली की कविता। हिगुचि इचियो 19वीं शताब्दी की प्रसिद्ध कवयित्री और उपन्यासकार हैं, जिनका जीवनकाल 1872 से 1896 ई. है।

हिन्दी अनुवाद : तोमोको किकुचि

39

色かへぬ
まつの林に
まじりては
のこる紅葉も
寂しかりけり

इरो काएनु
मात्सु नो हायाशि नि
माजिरितेवा
नोकोरु मोमिजि मो
साबिशिकारिकेरि

रंग नहीं बदलते
चीड़ों के वन में
जो रहकर
बचे हुए *मोमिजि* के पत्ते
अकेलापन लगता हो

39

詩人：樋口一葉

翻訳：菊池智子

रचनाकार : हिगुचि इचियो

हिन्दी अनुवाद : तोमोको किकुचि

40

庭の面に
つもる紅葉の
色見れば
散りての後も
にしきなりけり

निवा नो ओमो नि
त्सुमोरु मोमिजि नो
इरो मिरेबा
चिरिते नो नोचि मो
निशिकि नारिकेरि

बागीचे पर बिखरे हुए
मोमिजि का रंग
देखा तो
झड़ने के बाद भी
ज़री सी ही लगता है

40

詩人：樋口一葉

翻訳：菊池智子

रचनाकार : हिगुचि इचियो

हिन्दी अनुवाद : तोमोको किकुचि

41

もみぢ葉も
心あるらむ
見てあれバ
赤き方より
まづこぼれけり

मोमिजि बा मो
कोकोरो आरुरान
मितेआरेबा
आकाकि हो योरि
माज़ु कोबोरेकेरि

मोमिजि का भी हृदय हो
जब भी देखा
वह पहले
झड़ जाता है
जिसमें अधिक लालिमा

41

詩人：与謝野鉄幹（よさのてっかん）

与謝野鉄幹の生没年は 1873～1935 年。

翻訳：菊池智子

रचनाकार : योसानो तेक्कन

योसानो तेक्कन, जिनका जीवनकाल 1873 से 1935 ई. है, 20वीं शताब्दी के पूर्वार्ध के जापानी साहित्य लोक का एक महत्त्वपूर्ण कवि हैं। उनकी पत्नी योसानो आकिको भी बहुत प्रसिद्ध कवयित्री हैं।

हिन्दी अनुवाद : तोमोको किकुचि

42

もみじ照り
あかるき中に
我が心
空しくなりて
しまし居りけり

मोमिजि तेरि
आकारुकि नाका नि
वागा कोकोरो
मुनाशिकु नारिते
शिमाशि ओरिकेरि

अति दीप्तिमान है
मोमिजि के पत्ते
उस उल्लास में भी
मेरा मन
खोखला ही होता रहा

42

詩人：斎藤茂吉（さいとうもきち）

斎藤茂吉の生没年は 1882～1953 年。

翻訳：菊池智子

रचनाकार : साइतो मोकिचि

साइतो मोकिचि, जिनका जीवनकाल 1882 से 1953 ई. है, पेशे से मनश्चिकित्सक थे पर सक्रिय रूप से काव्य-रचना करते थे।

हिन्दी अनुवाद : तोमोको किकुचि

43

もみぢ葉の
過ぎしを思ひ
繁き世に
触りつるなべに
悲しみにけり

मोमिजि बा नो
सुगिशि ओ ओमोइ
शिगेकि यो नि
सावारित्सुरु नाबे नि
कानाशिमिनिकेरि

मोमिजि के पत्तों के
बीते हुए वैभव का
याद के साथ
स्पर्शकरते
उदास हो जाता हूँ

43

詩人：斎藤茂吉

翻訳：菊池智子

रचनाकार : साइतो मोकिचि

हिन्दी अनुवाद : तोमोको किकुचि

44

もみじ

1．　秋の夕日に　照る山紅葉
濃いも薄いも　数ある中に
松をいろどる　楓や蔦は
山のふもとの　縞模様

2．　渓の流れに　散り浮く紅葉
波に揺られて　離れて寄って
赤や黄色の　色さまざまに
水の上にも　織る錦

44

मोमिजि

1. आकि नो यूहि नि तेरु यामा मोमिजि
कोइ मो उसुइ मो काज़ु आरु नाका नि
मात्सु ओ इरोदोरु काएदे या त्सुता वा
यामा नो फ़ुमोतो नो शिमा मोयो

2. तानि नो नागारे नि चिरिउकु मोमिजि
नामि नि युरारेते हानारेते योत्ते
आका या कीरो नो इरो सामाज़ामा नि
मिज़ु नो उए निमो ओरु निशिकि

मोमिजि

1 . शरद का संध्या समय, दीप्यमान पहाड़ पर मोमिजि
किसी का रंग गहरा, किसी का रंग हलका
चीड़ों के साथ *मैपिल* और *आइवी* का सुशोभित रंग
पर्वतों की निम्न उपत्यका पर बुना हुआ रंगीन नमूना

2 . नदी के प्रवाह में झड़ कर तैरते मोमिजि के पत्ते
लहरी उन्हें हिलाती, कभी दूर कभी समीप हो जाते
लाल, पीला विभिन्न रंग
वह एक ज़री, जल के ऊपर बनी हुई

44

作詞：高野辰之（たかのたつゆき）
作曲：岡野貞一（おかのていいち）

文部省唱歌。1911 年発表。作詞家高野辰之の生没年は 1876～1947 年、作曲家岡野貞一の生没年は 1878～1941 年。

翻訳：菊池智子

गीत : तात्सुयुकि तकानो
संगीत : तेईचि ओकानो

यह संगीत के साथ गाया जाने वाला गीत है। गीतकार का जीवनकाल 1876 से 1947 ई. और संगीतकार का जीवनकाल 1878 से 1941 ई. है। यह गीत 1911 ई. में पहरी बार पाठशाला के पाठ्यपुस्तक में छपा और बहुत लोकप्रिय हुआ।

हिन्दी अनुवाद : तोमोको किकुचि

45

紅の
夕日に映ゆる
デリー城
遙かに仰ぐ
故郷の紅葉

कुरेनाइ नो
यूहि नि हायुरु
देरीजो
हारुका नि आओगु
कोक्यो नो मोमिजि

डूबते अनारी सूरज के
किरणों में विराजता
दिल्ली का क़िला
याद आता है *मोमिजि*
कोसों दूर अपने देश का

45

詩人 : 島田丈浩 (しまだたけひろ)

島田丈浩氏は 1967 年 4 月 25 日生まれ。在インド日本大使館駐在、参事官。

翻訳 : 高倉嘉男

रचनाकार : तकेहिरो शिमादा

श्री तकेहिको शिमादा का जन्म 25 अप्रैल 1967 को हुआ । जापानी दूतावास में कार्यरत, कांसलर।

हिन्दी अनुवाद : योशिओ तकाकुरा

46

山々に
錦を織りなす
秋の風
天竺の地に
きたれぞよかし

यामायामा नि
निशिकि ओ ओरिनासु
आकि नो काज़े
तेंजिकु नो चि नि
कितारेज़ो योकाशि

पहाड़ों पर
ज़री बिछानेवाली
शरद की हवा
तू भी अब
भारत आ जा

46

詩人：島田丈浩

翻訳：高倉嘉男

रचनाकार : तकेहिरो शिमादा

हिन्दी अनुवाद : योशिओ तकाकुरा

47

佇みて
見渡す山々
秋に燃え
見下ろす川面
揺れる白雲

ताताज़ुमिते
मिवातासु यामायामा
आकि नि मोए
मिओरोसु कावामो
युरेरु शिराकुमो

ज़रा ठहर देखा तो
पहाड़ शरद की आग में
जल रहे हैं
नीचे नदी पर
सफ़ेद बादल तैर रहे हैं

47

詩人：内山浩二郎（うちやまこうじろう）

内山浩二郎氏は 1956 年 7 月 4 日生まれ。在インド日本大使館駐在、参事官、広報情報センター所長。

翻訳：高倉嘉男

रचनाकार : कोजिरो उचियामा

श्री कोजिरो उचियामा का जन्म 4 जुलाई 1956 को हुआ । जापानी दूतावास में कार्यरत, कांसलर, जापान इंफ़र्मेशन सेंटर के डिरेकटर ।

हिन्दी अनुवाद : योशिओ तकाकुरा

48

異国の地
紅葉を詠みて
折々の
季節の色々
我懐かしむ

इकोकु नो चि
मोमिजि ओ योमिते
ओरिओरि नो
किसेत्सु नो इरोइरो
वारे नात्सुकाशिमु

विदेश में
मोमिजि की कविता पढ़ते
स्वदेश की
ऋतु-ऋतु के रंग
याद करता हूँ

48

詩人：内山浩二郎

翻訳：高倉嘉男

रचनाकार : कोजिरो उचियामा

हिन्दी अनुवाद : योशिओ तकाकुरा

49 Tree on the hill

When fall comes, winds get cool,
I recall, a sweater of wool,
Fond of mine, the color of red,
Come here boy, my mother said,
I caught up, took her hand,
Long time ago, faraway land.

Father looked back, smiling gently,
Under our feet, leaves crushed crisply,
Air was still, toll of the bell,
Breaths up white, another leaf fell,
We went together, lots of laughs,
Surrounded by these, trees of maple.

The sky was blue, almost sadly,
The sun of afternoon, shed its lights softly,
Long rows of shadows, steep stairs of the shrine,
Up on the hill, stood the scarlet trees,

Color of your sweater, mother's hand on my shoulder,

And here is too, touching my red cheek.

When fall comes, winds get cool,

That's when I remember, the trees of maple.

49 पर्वत पर शरद

पतझड़ के आते ही, हवाएँ सर्द हो जाती हैं
मुझे ऊनी स्वेटर की याद आ जाती है
पसंदीदा लाल स्वेटर की
'ए लड़के इधर आओ,' माँ कहती
गिरिफ़्त में आ उसका हाथ थाम लेता
बीती बातें किसी दूर देश की।

पिता मुसकुराकर देखते
हमारे पैरों तले की पत्तियाँ मसल जा चुकी होतीं
मंदिर के घंटे-सी हवा शांत हो जाती
ठंडी साँस लेकर एक और पत्ता झड़ जाता
ढेर सारी हँसी लेकर हम चलते रहते
मैपल वृक्षों से घिरे।

उदास-सा नीला आसमान
दोपहर के सूरज की रौशनी
श्राइन की खड़ी सीढ़ियों पर परछाँइयों की लंबी कतारें
पर्वत पर खड़े मौन साधे वृक्ष
स्वेटर का रंग कंधे पर माँ का हाथ
मेरे लाल गालों को सहलाता कोई स्पर्श।

पतझड़ के आते ही हवाएँ सर्द हो जाती हैं
तभी तो मुझे मैपल की याद आती है।

49

詩人：柳楽昌宏（なぎらまさひろ）

柳楽昌宏氏は 1982 年 7 月 29 日生まれ、在インド日本大使館駐在、三等書記官。英語での詩作のため、読みは添えず、ヒンディー語訳のみ掲載。

翻訳：ラージ·ブッディラージャー

रचनाकार : मसाहिरो नगिरा

श्री मसाहिरो नगिरा का जन्म 29 जुलाई 1982 को हुआ । जापानी दूतावास में कार्यरत, तृतीय सचिव । उन्होंने अंग्रेज़ी में कविता लिखी है ।

हिन्दी अनुवाद : राज बुद्धिराजा

50

秋の風

カレハヨ　マエヨ
カレハヨ　舞エヨ
キイロイ　キイロク
カゼヨ　フケヨ
カゼヨ　吹ケ吹ケ
木々ヨ　クルエ
アカク　狂エ
クロイ　トリヨ
トンデ　行ケ
コエナキ　声デ
ウタエヨ　飛べヨ
白イ　キリノナカ
黄イロイ　雲ノナカ
イッタリ　キタリ
行クノカ　来ルノカ
雨ヨ　フレフレ
雨ヨ　フレヨ

50 आकि नो काज़े

कारेहा यो माए यो
कारेहा यो माए यो
कीरोइ कीरोकु
काज़े यो फ़ुके यो
काज़े यो फ़ुके फ़ुके
किगि यो कुरुए
आकाकु कुरुए
कुरोइ तोरि यो
तोंदे युके
कोए नाकि कोए दे
उताए यो तोबे यो
शिरोइ किरि नो नाका
कीरोइ कुमो नो नाका
इत्तरि कितरि
इकु नो का कुरु नो का
आमे यो फ़ुरे फ़ुरे
आमे यो फ़ुरे यो

50 शरद की हवा

ओ पत्तियों, नाचो
नाचके झड़ो
पीले रंग दो
ओ हवा, आओ
फूँक मारके चलो
ओ पेड़ों, फिर जाओ
लाल रंग में फिरो
ओ काले पक्षियों
उड़के जाओ
मूक सुर के साथ
गाओ, उड़ो
सफ़ेद कुहरे के बीच
पीले बादलों के बीच
आते-जाते हों
जाओगे या आओगे?
ओ बारिश, आ जाओ
बरस आओ

50

詩人 : 平岡達子 (ひらおかたつこ)

1936 年 4 月 27 日東京生まれ。画家。インドに通い、インドをテーマにした絵画を描き続ける。詩には「1958 年 11 月 1 日　鴨川にて　２２才」との添え書きあり。

翻訳 : 高倉嘉男

रचनाकार : तात्सुको हिराओका

28 अप्रैल 1936 को तोक्यो में जन्म। चित्रकार। भारत पर विभिन्न चित्र बनाती आई हैं। इस कविता के साथ टिप्पणी भी दी गई है कि 1 नवंबर 1958 को 22 वर्ष की आयु में *कामोकावा* में रचित। *कामोगावा* नदी जापान की पुरानी राजधानी *क्योतो* में बहती है।

हिन्दी अनुवाद : राज बुद्धिराजा

インドの詩

भारत की कविताएँ

51

आमूलतो विद्रुमरागताम्रं सपल्लवाः पुष्पचयं दधानाः ।
कुर्वंत्यशोका हृदयं सशोकं निरीक्ष्यमाणा नवयौवनानाम् ॥

アームールトー
ヴィドルマラーガタームラン
サパッラワーハ
プシュパチャヤン
ダダーナーハ

クルワンティヤショーカー
フリダヤン
サショーカン
ニリークシヤマーナー
ナヴァヤウワナーナーム

愛しい人よ！
根本まで珊瑚の如く赤く
葉を染めたアショークの樹は
花々で飾られた乙女たちの
心を悲しませる。

51

रचनाकार : कालिदास

संस्कृत के महान कवि कालिदास का जीवनकाल चौथी से छठी शताब्दी माना जाता है। यह श्लोक *ऋतुसंहार* का एक अंश है।

व्याख्या : हे प्रिय ! जड़ों तक मूंगे के समान रक्तवर्ण पत्तों के सहित फूलों के ढेर को धारणकर्त्ता स्त्रियों द्वारा देखे गये अशोक के वृक्ष, उनके हृदयों को शोकांवित करते हैं।

जापानी अनुवाद : योशिओ तकाकुरा

詩人：カーリダーサ

カーリダーサはサンスクリット語文学を代表する詩人。その生没年は不詳で、４～６世紀とされている。ここに掲載したのもサンスクリット語の詩。

日本語訳：高倉嘉男

52

श्वसितिविहगवर्गः शीर्णपर्णद्रुमस्थः कपिकुलमुपयाति क्लांतमद्रेर्निकुंजम् ।
भ्रमतिगवयगूथः सर्वतस्तोयमिच्छंछरभकुलमजिह्मं प्रोद्धरत्यम्बुकूपात् ॥

シュワスィティウィハガワルガハ
シールナパルナドルマスタハ
カピクラムパヤーティ
クラーンタマドレールニクンジャム

ブラマティガヴァヤグータハ
サルワタストヤミッチャンチャラバクラマジヒャン
プロードワラティヤスブクーパート

蓮の目の君よ！
葉を枯らした木々の上で
鳥たちは眠る。
何とか毎日を生き抜いている。
山林へ向かうは猿の群れ。
鹿は水を求め彷徨い、
バッタたちは無邪気に井戸で水をすする。

52

रचनाकार : कालिदास

ऋतुसंहार से।

व्याख्या : हे कमलनेत्री ! सूखे हुए पत्तोंवाले पेड़ों पर पक्षिवर्ग सो रहा है। अर्थात् येन केन प्रकारेण जीवन यापन कर रहा है। बंदरों का झुण्ड पहाड़ों की कुंजों में जा रहा है। चमरी मृग जल की इच्छा से इतस्ततः भ्रमण कर रहे हैं। शरभगण, कुटिलता रहित, कुंए से पानी ले रहे हैं।

जापानी अनुवाद : योशिओ तकाकुरा

詩人：カーリダーサ

同じくサンスクリット語の詩。共に詩集「リトゥサンハーラ（季節詩）」より抜粋。

日本語訳：高倉嘉男

53

पत्ता टूटा डाल से, ले गई पवन उड़ाय
अबके बिछड़े कब मिले, दूर पड़े हैं जाय

パッター　トゥーター　ダール　セ
レー　ガイー　パワン　ウラーエ
アブケ　ビチュレー　カブ　ミレー
ドゥール　パレー　ハエン　ジャーエ

葉が枝からひらりと落ち
風に舞って飛んで行った
別れた者とはもう会えない
遠くへ行ってしまったのだから

53

रचनाकार : कबीर

यह दोहा जनश्रुति में भक्तिकवि कबीर का माना जाता है। कबीर का जीवनकाल 1440 से 1518 ई. के बीच माना जाता।

जापानी अनुवाद : योशिओ तकाकुरा

詩人 : カビール

ドーハー形式の詩。伝承では中世の詩人カビールのものとされる。カビールの生没年は 1440 ~ 1518 年とされる。

日本語訳 : 高倉嘉男

54

कार्तिक की राति थोरी थोरी सियराति,
सेनापति हैं सुहाति सुखी जीवन के गन हैं।
फूले हैं कुमुद फूली मालती सघन बन,
फूलि रहे तारे मानौं मोती अनगन हैं।
तिमिर हरन भयो, सेत है बरन सब,
मानहु जगत छीर-सागर मगन है।

カールティク　キ　ラーティ　トーリー　トーリー　スィヤーラティ
セーナーパティ ハエン スハーティ スキー ジーワンケ ガン ハエン
プーレー　ハエン　クムド　プーリー　マールティー　サガン　バン
プーリー ラヘー ターレー マーナォン モーティー アンガン ハエン
ティミル　ハラン　バヨー　セート　ハエ　バラン　サブ
マーナフ　ジャガト　チールサーガル　マガン　ハエ

カールティク月の夜、ゆっくりと冷え込む
セーナーパティの好きな季節、人生の幸せ
睡蓮が咲き、開花したソケイが森を作る
星々は幾千もの真珠の如く広がる
闇は消え去り、全ては白色に
まるで世界が乳の海に沈んだかのようだ

54

रचनाकार : सेनापति

कवि की जन्मतिथि और मृत्युतिथि दोनों अज्ञात है। यह कविता उसके ग्रंथ *कवित्त रत्नाकर* में सम्मिलित है जो 1641 ई. में लिखा गया है।

जापानी अनुवाद : योशिओ तकाकुरा

詩人：セーナーパティ

セーナーパティは生没年不詳の詩人。この詩は詩集「カヴィット·ラトナーカル」(1641年)に収録。カールティク月はインド暦の第8月。西暦の10月~11月に相当する。

日本語訳：高倉嘉男

55

ताल पै तमाल पै तमालन पै मालन पै ।
बृँदावन वीथिन बहार बंसी वट पै ।
कहै पद्माकर अखण्ड रास मण्डल पै ।
मण्डित उमड़ि महा कालिन्दी के तट पै ।
छिति पर छान पर छाजत छतान पर ।
ललित लतान पर लाडिली की लट है ।
छाई भली छाई यह सरद जुन्हाई जिहि ।
पाई छवि आज ही कन्हाई के मुकुट पै ।

55

タール　パエ　タマール　パエ　タマーラン　パエ　マーラン　パエ
ブリンダーワン　ヴィーティン　バハール　バンスィー　ワト　パエ
カハェ　パドマーカル　アカンド　ラース　マンダル　パエ
マンディト　ウマリ　マハー　カーリンディー　ケ　タト　パエ
チティ　パル　チャーン　パル　ラーディリー　キ　ラト　ハェ
チャーイー　バリー　チャーイー　イエ　サラド　ジュナーイー　ジヒ
パーイー　チャヴィ　アージ　ヒ　カナーイー　ケ　ムクト　パエ

55

池に、タマール樹に、タマール林に、マーラン河に
ヴリンダーヴァンに立ち並ぶバニヤン樹に
パドマーカル曰く、無限のラース踊りに
熱狂して増水した偉大なヤムナー河に
大地に屋根に、そのまた上の屋根に
乙女の後れ毛のような優雅な蔦に
秋の月光がどこまでもどこまでも広がる
今日のクリシュナ神の顔は、照らされて一層美しい

55

रचनाकार : पद्माकर

रीतिकाल का कवि। बताया जाता है कि पद्माकर का जीवनकाल 1753 से 1833 ई. है। यह कविता उनके रस-विवेचन ग्रंथ *जगद्विनोद* में संकलित है, जिसका रचनाकाल अज्ञात है।

जापानी अनुवाद : योशिओ तकाकुरा

詩人 : パドマーカル

パドマーカルの生没年は 1753～1833 年。この詩は詩集「ジャガドヴィノード」(成立年不明) に収録。タマールはオトギリソウ科高木キヤニモモ、バニヤンはクワ科中高木バンヤンジュ。クリシュナはヒンドゥー教の神様の名前で、牧童の姿をしており、ヤムナー河の畔のヴリンダーヴァンで育ったとされる。ラース踊りはクリシュナが牧女たちと繰り広げたとされる神々しい踊り。

日本語訳 : 高倉嘉男

56

पेड़ों ने पत्ते तज,
उनका त्याग देखकर,
त्यागे

ペーローン　ネ　パッテー　タジ
ウンカ　ティヤーグ　デークカル
ティヤーゲー

木々が葉を落とす、
その姿を見、
私も世を捨てた

56

रचनाकार : मैथिलीशरण गुप्त

हिन्दी के लोकप्रिय कवि मैथिलीशरण गुप्त का जीवन काल 1886 से 1964 ई. है। यह काव्यांश उनकी 'शिशिर' नामक कविता से लिया गया है, जिसमें *हाइकु* सा सौंदर्य है।

जापानी अनुवाद : योशिओ तकाकुरा

詩人 : マイティリーシャラン・グプト

マイティリーシャラン・グプトは２０世紀前半のヒンディー語詩壇を代表する詩人。生没年は 1886～1964 年。この詩は、「シシル（冬）」と題した詩の最初の一行。

日本語訳 : 高倉嘉男

57

शरद की स्वर्ण किरण बिखरी।

दूर गये कज्जल घन श्यामल अम्बर में निखरी-शरद की
मन्द समीरण शीतल सिहरन, तनिक अरुण द्युति छायी।
रिम-झिम में भीगी धरती यह चीर सुखाने आयी।
लहरित शस्य दुकूल हरित, चंचल अंचल पट धानी

चमक रही मिट्टी न, देह यह दमक रही नूरानी।
अंग-अंग रज धुली-धुली, शुचि सुन्दरता सिहरी।
शशि-शशि फूले फहराते कास धवल बन-बन में
हरियाली पर तोल रही उड़ने को नील गगन में।

57

シャラド キ スワルン キラン ビクリー

ドゥール ガエー カッジャル ガン シャーマル アンバル メン ニクリー
シャラド キ
マンド サミーラン シータル スィハラン タニク アルン ドゥティ チャーイー
リムジム メン ビーギー ダルティー イエ チール スカーネー アーイー
レヘリト シャスィヤ ドゥクール ハリト チャンタル アンチャル パトダーニー

チャマク ラヒー ミッティー ナ デーヘ イエ ダマク ラヒー ヌーラーニー
アングアング ラジ ドゥリードゥリー シュチ スンダルター スィハリー
シャシシャシ プーレー ぺヘラーテー カース ドワル バンバン メン
ハリヤーリー パル トール ラヒー ウルネー コ ニール ガガン メン

57

秋の黄金の光が広がった。

黒い雲たちは去り、秋の光が空に満ちる
そよ風が身を震わし、赤みがかった光が広がる
雨に濡れた土を乾かすために。
波打つ稲穂は緑の布のよう、はためく布は薄緑色

輝くは土にあらず、身体が光り輝く。
体中の塵芥が洗われ、無垢な美が揺れる。
月は花開き、森に白き葉を振りまき
その緑を喜々として空の青さと比べる。

57

रचनाकार : राजेन्द्र प्रसाद सिंह

यह कविता राजेन्द्र प्रसाद सिंह के ग्रंथ *रूपाम्बरा* में संकलित है। मूल कविता में और दो पैरे हैं।

जापानी अनुवाद : योशिओ तकाकुरा

詩人：ラージェーンドラ·プラサード·スィン

詩集「ルーパーンバラー」より。原文の詩ではもう2詩節ある。

日本語訳：高倉嘉男

58

नाना सरोवर खिले, नव पंकजों को,
ले अंक में विलसते मन मोहते थे।
मानों पसार अपने शतशः करों को,
वे मांगते शरद से सुविभूमियाँ हैं।

ナーナー　サローヴァル　キレー　ナヴ　パンカジョーン　コ
レー　アンク　メン　ヴィラステー　マン　モーホテー　テー
マーノーン　パサール　アプネー　シャトシャー　カローン　コ
ヴェ　マーングテー　シャラド　セ　スヴィブーミヤーン　ハエン

湖は花開く　蓮の花若々しく
湖面を埋め尽くし　心を惹く
まるで何百もの手を開き
秋に祝福を求めているかの如く

58

रचनाकार : अयोध्य सिंह उपाध्याय हरिऔध

हरिऔध खड़ी बोली काव्य के प्रवर्तकों में से एक हैं जिनका जीवनकाल 1865 से 1947 ई. है।

जापानी अनुवाद : योशिओ तकाकुरा

詩人:アヨーディヤー·スィン·ウパーディヤーイ·ハリアウド

ハリアウドの生没年は 1865 ~ 1947 年。

日本語訳 : 高倉嘉男

59

सृष्टि हँसने लगी आँखों में खिला अनुराग
राग रञ्जित चन्द्रिकाथी उड़ा सुमन पराग।
और हँसता था अतिथि मनु का पकड़ कर हाथ
चले दोनों स्वप्नपथ में स्नेह संबल साथ।
देवदारु निकुंज गह्वर सब सुधा में स्नात,
सब मनाते एक उत्सव जागरण की रात,
आ रही थी मदिर भीनी माधबी की गन्ध
पवन के घन घिरे पड़ते थे बने मधु अन्ध।

59

スリシュティ ハスネー ラギー アーンコー メン キラー アヌラーグ
ラーグ ラッジト チャンドリカー ティー ウラー スマン パラーグ
アォル ハスター ター アティティ マヌ カ パカル カル ハート
チャレー ドーノーン スワパン パトメン スネーヘ サンバル サート
デーオダール ニクンジ ガフワル サブ スダー メン スナート
サブ マナーテー エーク ウトサヴ ジャーグラン キ ラート
アー ラヒー ティー マディル ビーニー マードビー キ ガンド
パワン ケ ガン ギレー パルテー テー バネー マドゥ アンド

59

自然は笑い始め、目に愛情が花開く
月光は愛に染まり、花粉が飛び交う。
シュラッダーはマヌの手を掴んで笑う
２人は愛し合い、夢の旅路へと就く。
ヒマラヤスギの森で皆は霊薬を浴び、
目覚めの夜の祭りを祝う
マードヴィー樹の仄かな香りが漂い、
風が渦巻き、蜜味の闇となる。

59

रचनाकार : जयशंकर प्रसाद

जयशंकर प्रसाद छायावादी कवि है और उसका जीवनकाल 1889 से 1937 ई. है। यह काव्यांश उनके प्रसिद्धरचना *कामायनी* में से लिया गया है।

जापानी अनुवाद : योशिओ तकाकुरा

詩人 : ジャイシャンカル· プラサード

ジャイシャンカル· プラサードは近代ヒンディー語詩壇を代表する詩人で、生没年は 1889 ~ 1937 年。この詩は、長編詩「カーマーヤニー」の一部、秋の情景の描写部分。シュラッダーとマヌは作品の中の登場人物。マードヴィーはキントラノオ科蔓木。

日本語訳 : 高倉嘉男

60 सप्तपर्णी

मंजुल शरद वधू सी आयी

फूले हुए कांस का अंशुक, विकचित कमलों में मनोज मुख
उन्मद हंस स्वरों में नूपुर पके शालियों में नत उसकी
देहयष्टि सब के मन भायी।

भू पर कांस, निशा में शशिधर नदी हंसमय कुमुदोमय सर।
सप्तपर्ण फूले हैं वन-वन उपवन में भर फुल्ल मालती
जग में उज्ज्वल दीप्ति दिखायी।

रशना रम्य मछलियाँ चंचल हार हुआ तट का सित खगकुल
अब पुनि नांत नितम्बनि मनहर, नदियाँ भी बहती हैं मंथर
प्रमदा सी गति मन्द सुहायी।

रजत मृणाल शंख से उज्ज्वल, जो हलके हो गये बिना जल
पवन वेग से शतशः उड़कर मेधों ने ज्यों किसी नृपति पर
चल चँवरों की शोभा पायी।

मेघों में सुर चापन शोभित, तड़ित पताका भी अंतर्हित।
बगुले करते व्यंजन नभ पर अब न मयूर देखते उन्मुख

श्याम घटाओं की सुधराई।

शेफालिका सुमनदल सुरभित, पक्षि कुलों के कलरव मुखरित
उत्पल दृग मृगियों से संकुल उपवन भी करते हैं पुलकित
छूकर मानस की गहराई।

लहराता है जहाँ शालिदल, जहाँ स्वस्थ चरता है गोकुल
सारस हंस युग्म कलरव रत, उस भूतल में जनमन में नित
सुख की एक हिलोर उठायी।

चन्द्र तारिकाओं से चित्रित, व्योम हुआ मेघों से विरहित
राजहंस औ विकच कुमुद युत, मकरत जल से पूर्ण सरोवर
की अब नभ ने समता पायी।

60 サプタパルン

マンジュル　シャラド　ワドゥー　スィ　アーイー

プーレー　フエー　カーンス　カ　アンシュク、ヴィクチト　カムローン　メン
マノージ　ムク
ウンマド　ハンス　スワローン　メン　ヌープル　パケー　シャーリヨーン　メ
ン　ナト　ウスキ
デーヘヤシュティ　サブ　ケ　マン　バーイー

ブー　パル　カーンス　ニシャー　メン　シャシダル　ナディー　ハンスマエ
クムドーマエ　サル
サプトパルン　プーレー　ハエン　ワンワン　ウプワン　メン　バル　プッル
マールティー
ジャグ　メン　ウッジュワル　ディープティ　ディカーイー

ラシュナー　ラマエ　マチュリヤーン　チャンチャル　ハール　フワー　タト
カ　スィト　カグクル
アブ　プニ　ナーント　ニタンバニ　マンハル、ナディヤーン　ビー　ベヘティ
ー　ハエン　マンタル
プラマダー　スィ　ガティ　マンド　スハーイー

ラジャト　ムリナール　シャンク　セ　ウッジュワル　ジョー　ハルケー　ホー
ガエー　ビナー　ジャル
パワン　ヴェーグ　セ　シャトシャー　ウルカル　メーゴーン　ネ　ジョーン
キスィー　ヌリパティ　パル　チャル　チャンワローン　キ　ショーバー　パー
イー

メーゴーン　メン　スル　チャーパン　ショービト　タリト　パターカー　ビー
アンタルヒト

バグレー　カルテー　ヴァンジャン　ナブ　パル　アブ　ナ　マユール　デークテー　ウンムク
シャーム　ガターオーン　キ　スドラーイー

シェーパーリカー　スマンダル　スラビト　パクシ　クローン　ケ　カルラヴムカリト
ウトパル　ドリグ　ムリギヨーン　セ　サンクル　ウプワン　ビー　カルテーハエン　プラキト　チューカル　マーナス　キ　ゲヘラーイー

レヘラーター　ハェ　ジャハーン　シャーリダル　ジャハーン　スワスト　チャルター　ハェ　ゴークル
サーラス　ハンス　ユグム　カルラヴ　ラト　ウス　ブータル　メン　ジャンマン　メン　ニト
スク　キ　エーク　ヒロール　ウターイー

チャンドラ　ターリカーオーン　セ　チットリト　ヴョーム　フワー　メーゴーン　セ　ヴィラヒト
ラージハンス　アォ　ヴィカチュ　クムド　ユト　マカラト　ジャル　セ　プールン　サローヴァル
キ　アブ　ナブ　ネ　サムター　パーイー

60　サプタパルンの木

美しき秋が、花嫁のように訪れた

稲の服は豊かに膨らみ、開花した蓮は愛が溢れる
楽しげな笑い声は足鈴のよう、稲は実り頭を垂れる
彼女の細身は皆の愛でるところとなる。

地に稲、夜空に三日月、河に微笑み、湖に睡蓮
サプタパルン樹は開花し、ソケイの森は花で満ちる
世界はまばゆい光で照らされる。

美しい魚たちは川岸ではねまわって身体を休め
河の急流は魅惑的に、渦を巻きつつ流れる
乙女のようなのどかな動きが快い

白蓮は法螺貝より白く、乾いて身を軽くする
雲たちは風の勢い駆って散り散りに飛び
山に登って誉れある払子を受ける。

雲は雷鳴を抱き、雷光の旗も宿す
つむじ風は空で食事をし、孔雀はうつむく

黒い雲が次第に消え去る。

ヤコウボクの花は香り立ち、鳥たちがさえずる
紫睡蓮と鹿で満ちる森林もうなりを上げ
心の琴線に触れる。

稲は波打ち、牛の群れが遊ぶ
ハンス鳥は対になって戯れ、地上でしきりに
喜びの波を起こす。

月は星々により照らされ、空は晴れ渡る
ハンス鳥と開花した睡蓮で、湖は満ち溢れ
空とひとつになる。

60

रचनाकार : महादेवी वर्मा

छायावादी कवयित्री, जिनका जीवनकाल 1907 से 1987 ई. है।

जापानी अनुवाद : योशिओ तकाकुरा

詩人：マハーデーヴィー·ヴァルマー

女流詩人マハーデーヴィー·ヴァルマーは生没年 1907 ~ 1987 年。サプタパルンとはキョウチクトウ科高木ジタノキ、ハンス鳥とはコブハクチョウのこと。

日本語訳：高倉嘉男

61 चाँदनी जी लो

शरद चाँदनी बरसी
अँजुरी भर कर पी लो

ऊँघ रहे हैं तारे
सिहरी सरसी
ओ प्रिय कुमुद ताकते
अनझिप क्षण में
तुम भी जी लो।

सींच रही है ओस
हमारे गाने
घने कुहासे में
झिपते
चेहरे पहुचाने

खम्भों पर बत्तियाँ
खड़ी हैं सीठी
ठिठक गये हैं मानों
पल-छिन
आने-जाने

उठी ललक
हिय उमगा
अनकहनी अलसानी
जगी लालसा मीठी,
खड़े रहो ढिंग
गहो हाथ
पाहुन मन-भाने,
ओ प्रिय रहो साथ
भर-भर कर अँजुरी पी लो

बरसी
शरद चाँदनी
मेरा अंतः स्पन्दन
तुम भी क्षन-क्षण जी लो !

61　チャーンドニー　ジー　ロー

シャラド　チャーンドニー バルスィー
アンジュリー　バル　カル　ピー　ロー

ウーング　ラヘー　ハエン　ターレー
スィハリー　サルスィー
オー　プリヤー　クムド　タークテー
アンジプ クシャン　メン
トゥム　ビー　ジー　ロー

スィーンチュ　ラヒー　ハエ　オース
ハマーレー　ガーネー
ガネー　クハーセー　メン
ジプテー
チェヘレー　パフチャーネー

クンボーン　パル　バティヤーン
カリー　ハエン　スィーティー
ティタク　ガエー　ハエン　マーノーン
パルチン
アーネージャーネー

ウティー　ララク
ヒエ　ウムガー
アンケヘニー　アルサーニー
ジャギー　ラールサー　ミーティー
カレー　ラホー　ディング
ガホー　ハート
パーフン　マンバーネー
オー　プリヤ　ラホー　サート
バルバル　カル　アンジュリー　ピー　ロー

バルスィー
シャラド　チャーンドニー
メーラー　アンタハ　スパンダン
トゥム　ビー　クシャンクシャン　ジー　ロー

61 月光の中、生きよ

秋の月光が降り注ぐ
君よ、両手ですくい飲め

星々はまどろむ
池が震える
ああ、愛しい人よ、睡蓮が見つめている
恥じらいなく、刹那に
君も生きよ

露が濡れている
我々の歌が
濃い霧の中で
はにかんでいる
顔を見分けながら

柱に光りが
立っている
まるで時が
行き交うのを
止めたように

欲望が沸き
心が踊る
無言のまま、けだるく
甘い欲望が目覚めた
そばに立っていろ
手を握れ
好きなだけそばに
愛しい人よ、共にいよう
両手一杯にすくって
飲め

降り注ぐ
秋の月光を
私にも遂に身震いが起こる
君も刹那に生きよ。

61

रचनाकार : सच्चिदानंद हीरानंद वात्स्यायन अज्ञेय

नई कविता और प्रयोगवाद के प्रतिनिधि कवि अज्ञेय का जीवनकाल 1911 से 1987 ई. है। यह कविता उनके काव्यसंग्रह *बावरा अहेरी* (1954 ई.) में संकलित है।

जापानी अनुवाद : योशिओ तकाकुरा

詩人：サッチダーナンド·ヒーラーナンド·ワーツヤーヤン·アギェーイ

アギェーイは２０世紀後半のヒンディー語詩壇を代表する詩人。生没年は 1911～1987 年。俳句をヒンディー語詩に導入したことでも有名。

日本語訳：高倉嘉男

62

शरद ऋतु के गीत

पेड़ों पर पत्ते नये आने लगे हैं
पहन कर कपड़े वो इतराने लगे हैं
सिरफिरी पवनें लगीं जो चूमने
ख़ुश हुई कलियाँ लगीं हैं झूमने
फूल खिलने और शरमाने लगे हैं
पेड़ों पर पत्ते नये आने लगे हैं।

फूँकती है कान में कुछ कुछ हवा
इन परिन्दों को मिला जीवन नया
चहक कर उपवन को महकाने लगे हैं
पेड़ों पर पत्ते नये आने लगे हैं।

कर दिया काली घटाओं को विदा
आसमां पर चन्द्रमा भी खिल उठा
चांदनी के फूल मुस्काने लगे हैं
पेड़ों पर पत्ते नये आने लगे हैं।

शरद ऋतु का जादू कुछ ऐसे चला
बन गया हर प्राणी जैसे मनचला
झूम कर सब नाचने गाने लगे हैं
पेड़ों पर पत्ते नये आने लगे हैं।

62　シャラド　リトゥ　ケ　ギート

ペーローン　パル　パッテー　ナエー　アーネー　ラゲー　ハェン
ペヘンカル　カプレー　ヴォ　イトラーネー　ラゲー　ハェン
　スィルピリー　パワネーン　ラギーン　ジョー　チュームネー
　クシュ　フイー　カリヤーン　ラギーン　ハェン　ジュームネー
プール　キルネー　アォル　シャルマーネー　ラゲー　ハェン
ペーローン　パル　パッテー　ナエー　アーネー　ラゲー　ハェン
　プーンクティー　ハェ　カーン　メン　クチュ　クチュ　ハワー
　イン　パリンドーン　コ　ミラー　ジーヴァン　ナヤー
チェヘク　カル　ウプワン　コ　メヘカーネー　ラゲー　ハェン
ペーローン　パル　パッテー　ナエー　アーネー　ラゲー　ハェン
　カル　ディヤー　カーリー　ガターオーン　コ　ヴィダー
　アースマーン　パル　チャンドラマー　ビー　キル　ウター
チャーンドニー　ケ　プール　ムスカーネー　ラゲー　ハェン
ペーローン　パル　パッテー　ナエー　アーネー　ラゲー　ハェン
　シャラドリトゥ　カ　ジャードゥー　クチュ　アェセー　チャラー
　バン　ガヤー　ハル　プラーニー　ジャェセー　マンチャラー
ジューム　カル　サブ　ナーチュネー　ガーネー　ラゲー　ハェン
ペーローン　パル　パッテー　ナエー　アーネー　ラゲー　ハェン

62

秋の歌

木々に新しい葉が付き出した
服を着て気取り出した
狂った風が接吻し出した
喜んだ蕾が踊り出した
　　　　花々が咲き、恥じらい出した
　　　　木々に新しい葉が付き出した。

風が何かを耳に囁く
鳥たちは新しい人生を得た
　　　　さえずりで森を香り立たせ出した
　　　　木々に新しい葉が付き出した。

黒い雲たちと別れを告げ
空にお月様が花開いた
　　　　月光の花々が微笑み始めた
　　　　木々に新しい葉が付き出した

秋の魔法はこのように広がった
全ての生き物はそわそわし出した
　　　　身体を動かし踊り出した
　　　　木々に新しい葉が付き出した

62

रचनाक़ार : उर्मिल सत्यभूषण

श्रीमती उर्मिल सत्यभूषण का जन्म 28 फ़रवरी 1940 को हुआ।

जापानी अनुवाद : योशिओ तकाकुरा

詩人：ウルミル・サティヤブーシャン

ウルミル・サティヤブーシャン女史は 1940 年 2 月 28 日生まれ。

日本語訳：高倉嘉男

63

सूर्योदय के देश में
जब मैं तुमसे
पहली बार मिली
मेरी कविता
लौट आयी ।

スーリヨーダエ　ケ　デーシュ　メン
ジャブ　マエン　トゥムセ
ペヘリー　バール　ミリー
メーリー　カヴィター
ラォト　アーイー

日出づる国で
あなたに
初めて会ったとき
私の詩が
戻って来た

63

रचनाकार : राज बुद्धिराजा

मोमिजि पर लिखी कविताओं के संग्रह *शरद गान* (2009) से। कवयित्री के परिचय के लिए इस पुस्तक की पृष्ठिका देखें।

जापानी अनुवाद : योशिओ तकाकुरा

詩人：ラージ·ブッディラージャー

紅葉の詩集「シャラドガーン (秋の歌)」より。詩人の詳細については背表紙を参照のこと。

日本語訳：高倉嘉男

64

कभी *निक्को*

कभी *हकोने* जाकर

तुमसे दोस्ती की

तुम मूंगा मराल

बन गये।

カビー　ニッコウ

カビー　ハコネ　ジャーカル

トゥムセ　ドースティー　キー

トゥム　ムーンガー　マラール

バン　ガエー

日光で

箱根で

あなたと友情を深めた

あなたは珊瑚のように

赤くなった

64

रचनाकार : राज बुद्धिराजा

शरद गान से। *निक्को* और *हाकोने* दोनों जापान की राजधानी *तोक्यो* के निकट लोकप्रिय पर्यतनस्थल हैं जो *मोमिजि* के सौंदर्य से भी बहुत प्रसिद्ध हैं।

जापानी अनुवाद : योशिओ तकाकुरा

詩人 : ラージ·ブッディラージャー

「シャラドガーン」より。

日本語訳 : 高倉嘉男

65

अराशियमा संग
तुम्हारा गाना-गुनगुनाना
मेरा वारी-वारी जाना
सभी सुंदर।

アラシヤマ　サング
トゥマーラー　ガーナー　グングナーナー
メーラー　ヴァーリーヴァーリー　ジャーナー
サビー　スンダル

嵐山と一緒に
歌い口ずさむあなた
それを愛する私
全てが美しい

65

रचनाकार : राज बुद्धिराजा

शरद गान से । *आराशियामा* जापान की पुरानी राजधानी *क्योतो* के एक इलाक़े का नाम है जहाँ वसंत में *साकुरा* का और शरद में *मोमिजि* का सुंदर दृश्य मिलता है।

जापानी अनुवाद : योशिओ तकाकुरा

詩人：ラージ·ブッディラージャー

「シャラドガーン」より。

日本語訳：高倉嘉男

66

शरद पूनो
तुम्हारे रंग-बिरंग वस्त्र
कुदरत की देन।

シャラド　プーノー
トゥマーレー　ラングビラング　ワストル
クドラト　キ　デーン

秋の十五夜
あなたの衣服は彩られる
それは自然の賜物

66

रचनाकार : राज बुद्धिराजा

शरद गान से।

जापानी अनुवाद : योशिओ तकाकुरा

詩人：ラージ·ブッディラージャー

「シャラドガーン」より。

日本語訳：高倉嘉男

67

तुम्हारे लाल
पत्तों पर फैली ओस बूँद
मेरे आँसू तो नहीं।

トゥマーレー　ラール
パットーン　パル　パエリー　オース　ブーンド
メーレー　アーンスー　トー　ナヒーン

あなたの赤い
葉っぱの上に広がるのは、露の滴
それとも私の涙？

67

रचनाकार : राज बुद्धिराजा

शरद गान से।

जापानी अनुवाद : योशिओ तकाकुरा

詩人：ラージ·ブッディラージャー

「シャラドガーン」より。

日本語訳：高倉嘉男

68

झील सी गहरी
निगाहों में
तुम्हारा झौंकना
मेरा शरमाना।

ジール　スィ　ゲへリー
ニガーホーン　メン
トゥマーラー　ジャォンクナー
メーラー　シャルマーナー

湖のように深い
眼差しで
見つめるあなた
恥じらう私

68

रचनाकार : राज बुद्धिराजा

शरद गान से।

जापानी अनुवाद : योशिओ तकाकुरा

詩人 : ラージ·ブッディラージャー

「シャラドガーン」より。

日本語訳 : 高倉嘉男

69

पन्ना पुखराज
पहन
जब तुम लाल दुशाली
ओढ़ते हो
अरण्य गान सुनती हूँ मैं।

パンナー　プクラージ
ペヘン
ジャブ　トゥム　ラール　ドゥシャーリー
オールテー　ホー
アランニャガーン　スンティー　フーン　マエン

エメラルドやトパーズで
飾り
赤いショールを
巻くあなた
森の歌を聴く私

69

रचनाकार : राज बुद्धिराजा

शरद गान से।

जापानी अनुवाद : योशिओ तकाकुरा

詩人：ラージ·ブッディラージャー

「シャラドガーン」より。

日本語訳：高倉嘉男

70

हरे-भरे पुखराजी ख़त
तुमने बाँचे क्या ?
अरे मेरे *मोमिजि*।

ハレーバレー　プクラージー　カト
トゥムネ　バーンチェー　キャー
アレー　メーレー　モミジ

緑滴るトパーズ色の手紙を
あなたはもう配り終えたの？
おお、私の紅葉よ

70

रचनाकार : राज बुद्धिराजा

शरद गान से।

जापानी अनुवाद : योशिओ तकाकुरा

詩人：ラージ·ブッディラージャー

「シャラドガーン」より。

日本語訳：高倉嘉男

71

एक एक पल्लव

का झड़ जाना

कितना सुखद

कितना दुखद

エーク　エーク　パッラヴ

カ　ジャル　ジャーナー

キトナー　スカド

キトナー　ドゥカド

若葉のひとつひとつが

もう散ってしまう

なんと美しく

なんと悲しく

71

रचनाकार : राज बुद्धिराजा

शरद गान से।

जापानी अनुवाद : योशिओ तकाकुरा

詩人：ラージ·ブッディラージャー

「シャラドガーン」より。

日本語訳：高倉嘉男

72

उजले-उजले तुम
उजला-उजला चाँद
वैसी ही मैं।

ウジュレー　ウジュレー　トゥム
ウジュラー　ウジュラー　チャーンド
ワエスィー　ヒ　マエン

輝くあなた
輝く月
そして私

72

रचनाकार : राज बुद्धिराजा

शरद गान से।

जापानी अनुवाद : योशिओ तकाकुरा

詩人：ラージ·ブッディラージャー

「シャラドガーン」より。

日本語訳：高倉嘉男

73

वीहड़ लाल
पुलिया पै बैठी
तुम्हारा इंतज़ार करती।

ヴィーハル　ラール
プリヤー　パエ　バエティー
トゥマーラー　イントザール　カルティー

赤く寂しい
橋に座って
あなたを待っている

73

रचनाकार : राज बुद्धिराजा

शरद गान से।

जापानी अनुवाद : योशिओ तकाकुरा

詩人：ラージ·ブッディラージャー

「シャラドガーン」より。

日本語訳：高倉嘉男

74

तुम्हारी छाया
तले बैठ
कोई गाता
कोई गुनगुनाता
मैं निहारती।

トゥマーリー　チャーヤー
タレー　バエト
コーイー　ガーター
コーイー　グングナーター
マエン　ニハールティー

あなたの影の
下に座って
ある人は歌い
ある人は口ずさむ
そして見つめる私

74

रचनाकार : राज बुद्धिराजा

शरद गान से।

जापानी अनुवाद : योशिओ तकाकुरा

詩人：ラージ·ブッディラージャー

「シャラドガーン」より。

日本語訳：高倉嘉男

75

जब तुम
पर्वत की चरण रज
सिर माथे लगाते
मालकोंस गूँज उठता।

ジャブ　トゥム
パルヴァト　キ　チャラン　ラジ
スィル　マーテー　ラガーテー
マールコーンス　グーンジ　ウトター

あなたが
山の麓に
額を付けて伏すとき
マールコーンスが響き渡る

75

रचनाकार : राज बुद्धिराजा

शरद गान से।

जापानी अनुवाद : योशिओ तकाकुरा

詩人 : ラージ·ブッディラージャー

「シャラドガーン」より。マールコーンスとはラーガ (旋律) のひとつ。

日本語訳 : 高倉嘉男

76

कब आये

कब गये

पता ही नहीं चला

मेरी अलकें

सफ़ेद रेशम बन गयीं।

カブ　アーエー

カブ　ガエー

パター　ヒ　ナヒーン　チャラー

メーリー　アルケーン

サフェード　レーシャム　バン　ガイーン

いつ来て

いつ去ったのか

分からない

私の前髪は

白絹になってしまった

76

रचनाकार : राज बुद्धिराजा

शरद गान से।

जापानी अनुवाद : योशिओ तकाकुरा

詩人：ラージ·ブッディラージャー

「シャラドガーン」より。

日本語訳：高倉嘉男

77

ओ हवा
हौले-हौले आ
मोमिजि अभी अभी आया है।

オー　ハワー
ハォレーハォレー　アー
モミジ　アビー　アビー　アーヤー　ハェ

風よ
ゆっくりと吹け
紅葉は今、色付いたばかり

77

रचनाकार : राज बुद्धिराजा

शरद गान से।

जापानी अनुवाद : योशिओ तकाकुरा

詩人：ラージ·ブッディラージャー

「シャラドガーン」より。

日本語訳：高倉嘉男

78

आवागमन
मोमिजि का
दोनों सुंदर।

アーワーガマン
モミジ　カ
ドーノーン　スンダル

紅葉は
行くにも来るにも
どちらも美しい

78

रचनाकार : राज बुद्धिराजा

शरद गान से।

जापानी अनुवाद : योशिओ तकाकुरा

詩人：ラージ·ブッディラージャー

「シャラドガーン」より。

日本語訳：高倉嘉男

79

अराशियमा के चरणों पर
तुम्हारी लाल पीली
पत्तियों पर
मेरी ख़ुशनुमा नज़र।

アラシヤマ　ケ　チャルノーン　パル
トゥマーリー　ラール　ピーリー
パッティヨーン　パル
メーリー　クシュヌマー　ナザル

嵐山の麓に
あなたの赤や黄色の
葉っぱに
私の視線が踊る

79

रचनाकार : राज बुद्धिराजा

शरद गान से।

जापानी अनुवाद : योशिओ तकाकुरा

詩人：ラージ·ブッディラージャー

「シャラドガーン」より。

日本語訳：高倉嘉男

80

मेरे दिल की
गहरी नदी में
तुम्हारे पत्तों का झड़ना
तैरना।

メーレー　ディル　キ
ゲヘリー　ナディー　メン
トゥマーレー　パットーン　カ　ジャルナー
タエルナー

私の心の
深い河に
あなたの葉っぱが落ちては
浮かぶ

80

रचनाकार : राज बुद्धिराजा

शरद गान से।

जापानी अनुवाद : योशिओ तकाकुरा

詩人：ラージ·ブッディラージャー

「シャラドガーン」より。

日本語訳：高倉嘉男

81

बरसों बाद
जब हम मिले
एक गीत तुमने गाया
एक गीत मैंने।

バルソーン　バード
ジャブ　ハム　ミレー
エーク　ギート　トゥムネ　ガーヤー
エーク　ギート　マェネ

久し振りに
私たちは出会った
歌をひとつあなたは歌い
歌をひとつ私が歌った

81

रचनाकार : राज बुद्धिराजा

शरद गान से ।

जापानी अनुवाद : योशिओ तकाकुरा

詩人：ラージ·ブッディラージャー

「シャラドガーン」より。

日本語訳：高倉嘉男

82

पर्वत शिखर की साँझ
हवा में तैरता संगीत
टिमटिमाते जुगनू ।

パルヴァト　シカル　キ　サーンジュ
ハワー　メン　タエルター　サンギート
ティムティマーテー　ジュグヌー

山頂の夕暮れ
風にはためく歌
チカチカ光る蛍

82

रचनाकार : राज बुद्धिराजा

शरद गान से।

जापानी अनुवाद : योशिओ तकाकुरा

詩人：ラージ·ブッディラージャー

「シャラドガーン」より。

日本語訳：高倉嘉男

83

चाँदी का ताना
सोने का बाना
कुदरत का ख़ज़ाना।

チャーンディー　カ　ターナー
ソーネー　カ　バーナー
クドラト　カ　カザーナー

銀の縦糸
金の横糸
自然の宝箱

83

रचनाकार : राज बुद्धिराजा

शरद गान से ।

जापानी अनुवाद : योशिओ तकाकुरा

詩人：ラージ·ブッディラージャー

「シャラドガーン」より。

日本語訳：高倉嘉男

84

युग-युगांतर से
चली आती
तुम्हारी लाल पीली रंगत
मेरे संग-संग।

ユグユガーンタル　セ
チャリー　アーティー
トゥマーリー　ラール　ピーリー　ランガト
メーレー　サングサング

遙か昔から
続いて来た
あなたの赤や黄色の色彩
私と一緒に

84

रचनाकार : राज बुद्धिराजा

शरद गान से।

जापानी अनुवाद : योशिओ तकाकुरा

詩人：ラージ・ブッディラージャー

「シャラドガーン」より。

日本語訳：高倉嘉男

85 शिशिर का आगमन

हरे भरे नहाए धोए पादप प्रसून
जगाते हैं नई स्फूर्ति का भाव
पर्वतों का ऊषाकाल जगाता
प्रकृति के प्रति अनुराग
पक्षियों का कलरव,
भौरों की गुंजार
जानवरों की हलचल लाती हैं
नवजीवन का उल्लास
बालियाँ फूरती हैं,
नई उम्मीदें पलती हैं
शिशिर अपने पैर फैलाने
लगती है
गर्मी में आधा पेट जो सोए बेचारे
भरपूर खाने की आशा में हैं सारे।

85 シシル・カ・アーガマン

ハレーバレー　ナハーエー　ドーエー　パーダプ　プラスーン
　ジャガーテー　ハエン　ナイー　スプールティ　カ　バーヴ
パルヴァトーン　カ　ウーシャーカール　ジャガーター
　プラクリティ　ケ　プラティ　アヌラーグ
パクシヨーン　カ　カルラヴ
　バォローン　キ　グンジャール
ジャーンワローン　キ　ハルチャル　ラーティー　ハエン
　ナヴジーヴァン　カ　ウッラース
バーリヤーン　プールティー　ハエン
　ナイー　ウンミーデーン　パルティー　ハエン
シシル　アプネー　パエル　パェラーネー
　ラグティー　ハェ
ガルミーメン　アーダーペート　ジョー　ソーエー　ベーチャーレー
　バルプール　カーネー　キ　アーシャー　メン　ハエ　サーレー

85 冬の到来

茂り濡れた木々や花々は
　　新たな活力をみなぎらせる
山々の夜明けは
　　自然への愛情を呼び覚ます
鳥たちのさえずり
　　蜂たちの羽音
動物たちの動きは
　　新しい人生の喜びをもたらす
稲穂は膨らみ、
　　新しい希望を育む
冬が足音を立てて
　　やって来る
夏に空腹のまま寝ていた者たちは皆
　　腹一杯食べられることを願う。

85

रचनाकार : पुष्पलता तनेजा

श्रीमती पुष्पलता तनेजा का जन्म 19 अगस्त 1957 को हुआ।

जापानी अनुवाद : योशिओ तकाकुरा

詩人：プシュプラター·タネージャー

プシュプラター· タネージャー女史は 1957 年 8 月 19 日生まれ。

日本語訳：高倉嘉男

86 शारदीय पूर्णिमा

दगाबाज हादसे ने ख़ता की है।
ख़ामोश लम्हे ने सज़ा पाई है॥
जीवन के सभी सुख बिखर गए
मुँह चिढ़ाती, इठलाती, बल खाती
आज फिर शारदीय पूर्णिमा आई है।
स्वप्निल साक्षात्कार के मौन क्षणों में
चिर प्रतीक्षित इन राहों पर अभिनन्दन वश,
निर्निमेष पलकों की अल्पना बिछाई है।
किंवा धरा पर शारदीय पूर्णिमा मुस्कराई है॥
जीवन के सभी सुख बिखर गए।
मुँह चिढ़ाती, इठलाती, बल खाती
आज फिर शारदीय पूर्णिमा आई है॥
ठहरे कल की यादें ऐसे कसमसाई हैं।
न जाने मेरी वाटिका में किसने ?
अरुण सुमनावलि बिखराई है ?
गेंदे पर केसरिया छवि छाई है
भोले गुलाब की कलियों के रुख़सारों को
किसने अद्वितीय स्नेह से सहलाया है ?
जीवन के सभी सुख विखर गए
मुँह चिढ़ाती, इठलाती, बल खाती

आज फिर शारदीय पूर्णिमा आई है।
'धनु' का स्नेहिल संदेश देती हुई
प्रभात की प्रथम किरण खिलखिलाई है॥
श्रवणों में बृज के रसिया की
रसीली रागिनी भी गुनगुनाई है।
तदपि क्यों कुमुदिनी कुम्हलाई है?
अथवा किसने 'कनुप्रिया' पर तुषार बरसाई है?
मुँह चिढ़ाती, इठलाती, बल खाती
आज फिर कार्तिकी पूर्णिमा आई है।
कदाचित् धरा के चन्द्रमा ने
निर्मम हो बेरूख़ी जो अपनाई है।
यद्यापि चिर वन्दित इस चरण युगल पर
'कनुप्रिया' ने भावातिरेक वश
स्नेह सिंचित कुसुमावलि बिखराई है।
जीवन के सभी सुख बिखर गए
मुँह चिढ़ाती, इठलाती, बल खाती
आज फिर शारदीय पूर्णिमा आई है।

86　シャールディーエ　プールニマー

ダガーバーズ　ハードセー　ネ　カター　キー　ハェ
カーモーシュ　ラムヘー　ネ　サザー　パーイー　ハェ
ジーヴァン　ケ　サビー　スク　ビカル　ガエー
ムンフ　チラーティー　イトラーティー　バル　カーティー
アージ　ピル　シャールディーエ　プールニマー　アーイー　ハェ
スワプニル　サークシャートカール　ケ　マォン　クシャノン　メン
チルプラティークシト　イン　ラーホーンパル　アビナンダンワシュ
ニルニメーシュ　パルコーン　キ　アルプナー　ビチャーイー　ハェ
キンワー　ダラー　パル　シャールディーエ　プールニマー　ムスクラーイー
ハェ
ジーヴァン　ケ　サビー　スク　ビカル　ガエー
ムンフ　チラーティー　イトラーティー　バル　カーティー
アージ　ピル　シャールディーエ　プールニマー　アーイー　ハェ
テヘレー　カル　キ　ヤーデーン　アエセー　カスマサーイー　ハェ
ナ　ジャーネー　メーリー　ワーティカー　メン　キスネ
アルン　スムナーワリ　ビクラーイー　ハェ
ゲーンデー　パル　ケースリヤー　チャヴィ　チャーイー　ハェ
ボーレー　グラーブ　キ　カリヨーン　ケ　ルクサーローン　コ
キスネ　アドイティーエ　スネーヘ　セ　セヘラーヤー　ハェ
ジーヴァン　ケ　サビー　スク　ビカル　ガエー
ムンフ　チラーティー　イトラーティー　バル　カーティー
アージ　ピル　シャールディーエ　プールニマー　アーイー　ハェ
ダヌ　カ　スネーヒル　サンデーシュ　デーティー　フイー
プラバート　キ　プラタム　キラン　キルキラーイー　ハェ
シュラヴァノーン　メン　ブラジ　ケ　ラスィヤー　キ
ラスィーリー　ラーギニー　ビー　クヌグナーイー　ハェ
タダピ　キョーン　クムディニー　クムラーイー　ハェ
アトワー　キスネ　カヌプリヤー　パル　トゥシャール　バルサーイー　ハェ

मोमिजि के रंग : 230

ムンフ　チラーティー　イトラーティー　パル　カーティー
アージ　ピル　カールティキー　プールニマー　アーイー　ハェ
カダーチト　ダラー　ケ　チャンドラマー　ネ
ニルマム　ホー　ベールーキー　ジョー　アプナーイー　ハェ
ヤディヤーピ　チル　ワンディト　イス　チャラン　ユグル　パル
カヌプリヤー　ネ　バーヴァーティレーク　ワシュ
スネーヘ　スィンチト　クスマーヴァリ　ビクラーイー　ハェ
ジーヴァン　ケ　サビー　スク　ビカル　ガエー
ムンフ　チラーティー　イトラーティー　バル　カーティー
アージ　ピル　シャールディーエ　プールニマー　アーイー　ハェ

86 秋の満月

偽りの事件が過ちを犯した。
沈黙の時が罰っせられた。
人生のあらゆる幸せが砕け散った
ふざけ、気取り、くねりながら
今日また秋の満月がやって来た。
夢の出会いでの無言の瞬間の内に
永遠に待ち続けるこの道に喜びと共に
瞬きを忘れた目蓋のアルプナーが敷かれた。
もしくは大地の上で秋の満月が微笑んだ。
人生のあらゆる幸せが砕け散った。
ふざけ、気取り、くねりながら
今日また秋の満月がやって来た。
止まった昨日の想い出がかすかに動いた。
一体誰が私の庭で
赤い花たちを踏み散らしたのだろう？
マリーゴールドに黄色が広がった
無垢なバラの蕾の頬を
誰が優しくなでたのだろう？
人生のあらゆる幸せが砕け散った
ふざけ、気取り、くねりながら

今日また秋の満月がやって来た。
「弓」のラブレターを手渡しながら
夜明けの最初の光が差した。
耳にはブラジの通人の
魅惑的な旋律も聞こえて来る。
それにも関わらずなぜヒツジグサは萎れたのか？
そして誰が「カヌプリヤー」に矢を射かけたのか？
ふざけ、気取り、くねりながら
今日またカールティク月の満月がやって来た。
おそらく大地の月が
無慈悲に無視を決め込んだのだろう。
それでも、永遠に礼賛されたこの両足に
「カヌプリヤー」が感激し
愛で育てられた紅花たちを踏み散らした。
人生のあらゆる幸せが砕け散った
ふざけ、気取り、くねりながら
今日また秋の満月がやって来た。

86

रचनाकार : कुमुद श्रीवास्तव 'कनुप्रिया'

श्रीमती कुमुद श्रीवास्तव 'कनुप्रिया' का जन्म 19 मार्च 1958 को हुआ।

जापानी अनुवाद : योशिओ तकाकुरा

詩人：クムド・シュリーワースタヴ・カヌプリヤー

カヌプリヤー女史は 1958 年 3 月 19 日生まれ。

日本語訳：高倉嘉男

87 तरु-पत्र

कितना आनन्द देते हैं
नव पल्लव
शिशुओं की भाँति
जिन में होती है निश्छलता
जो होते हैं निश्वैर और निरापद
जिन का कोमल स्पर्श
कराता है नैसर्गिक आनन्द की अनुभूति
परंतु धीरे धीरे उन में बढ़ते रंग
करने लगते हैं अपनी ओर
आकर्षित
और फिर ये ही धीरे धीरे
अपने उत्कर्ष तक पहुँच चुकी
भीषण गर्मी के उपरांत
होने लगते हैं वे रंगहीन
फिर शिशिर का पाला
कर देता है उन्हें निष्प्राण
तब हेमंत की पवन का रेला
कर देता है इन्हें डाल से अलग
उर्वारूक की भाँति।
यह विछुरन ही
बन जाती है उसकी
अंतिम भाषा
जीवन संध्या की भाँति
फिर से माटी में मिलकर
नव जीवन की तलाश के लिए

87

タルパットル

キトナー　アーナンド　デーテー　ハェン
ナヴ　パッラヴ
シシュオーン　キ　バーンティ
ジンメン　ホーティー　ハエ　ニシュチャルター
ジョー　ホーテー　ハエン　ニシュヴァエル　アォル　ニラーパド
ジンカ　コーマル　スパルシュ
カラーター　ハエ　ナエサルギク　アーナンド　キ　アヌブーティ
パラントゥ　ディーレー　ディーレー　ウンメン　バルテー　ラング
カルネー　ラグテー　ハエン　アプニー　オール
アーカルシト
アォル　ピル　イエ　ヒ　ディーレー　ディーレー
アプネー　ウトカルシュ　タク　パホンチュ　チュキー
ビーシャン　ガルミー　ケ　ウプラーント
ホーネー　ラグテー　ハエン　ヴェ　ランギーン
ピル　シシル　カ　パーラー
カル　データー　ハエ　ウネー　ニシュプラーン
タブ　ヘーマント　キ　パワン　カ　レーラー
カル　データー　ハエ　イネー　ダール　セ　アラグ
ウルヴァールーク　キ　バーンティ
イエ　ビチュラン　ヒ
バン　ジャーティー　ハエ　ウスキ
アンティム　バーシャー
ジーヴァン　サンディヤー　キ　バーンティ
ピル　セ　マーティー　メン　ミルカル
ナヴ　ジーヴァン　コ　タラーシュ　ケ　リエ

87 木の葉

なんと愛らしいのだろう
新芽は
赤ん坊のような
その無邪気さ
率直さ、そして純粋さ
柔らかな手触り
自然の素晴らしさを感じさせる
だがゆっくりと色を増し
注目を集めようと
誘惑し出す
そしてまたゆっくりと
極限まで高まった
酷暑の後
色づき始める
そして秋の霜が
彼らから命を奪う
そのとき雪を含む風の一吹きで
彼らを枝から落とす
メロンのように。
この別離こそが
彼の
遺言となる
人生は夕日のように
また土へと還り
新たな人生を探し始める

87

रचनाकार : वेद व्यथित

श्री वेद व्यथित का जन्म 9 अप्रैल 1956 को हुआ।

जापानी अनुवाद : योशिओ तकाकुरा

詩人：ヴェード·ヴャティト

ヴェード·ヴャティト氏は 1956 年 4 月 9 日生まれ。メロンは完熟後自然に茎から離れることから、寿命を全うする人生の象徴。

日本語訳：高倉嘉男

88 शरद ऋतु

शीतल मधु बयार लिए
शरद ऋतु जब आती है
सावन-भादों की सद्य-स्नाता
प्रकृति निखर-निखर जाती है।

गहरा जाती नभ की नीलिमा
शुभ्र ज्योत्सना पसरी जाती है
चांद निरखते चकोर की
चाहत बढ़ती जाती है।

खेतों में धान की फसलें
सागर सी लहराती हैं
मक्का की सुनहरी अलकाएँ
चुनरी सरका मुसुकाती हैं।

गुन-गुन करती सर्दी आए
धुले-धुले पर्वत चमकते
जन-मानस घर-द्वार संवारे
पंछी भी नव-नीड़ हैं बुनते।

दुर्गा-पूजा, दशहरा दीवाली
त्योहारों की मस्ती है आती
शंख पटाखे, फुलझड़ियाँ
अवनि अंबर को छू जाती।

नव-परिधान और मिष्ठान
छोटे-बड़े सब चहक रहे
गर्मी-सर्दी दोनों मिल जाएँ
जब शरद की ठंडी बयार बहे।

88 シャラド　リトゥ

シータル　マドゥ　バヤール　リエー
シャラド　リトゥ　ジャブ　アーティー　ハェ
サーワンバードーン　キ　サディヤ　スナーター
プラクティティ　ニカルニカル　ジャーティー　ハェ

ゲヘラー　ジャーティー　ナブ　キ　ニーリマー
シュブル　ジョーツナー　パスリー　ジャーティー　ハェ
チャーンド　ニラクテー　チャコール　キ
チャーハト　バルティー　ジャーティー　ハェ

ケートーン　メン　ダーン　キ　パスレーン
サーガル　スィ　レヘラーティー　ハエン
マッカー　キ　スンハリー　アルカーエーン
チュナリー　サルカー　ムスカーティー　ハエン

グングン　カルティー　サルディー　アーエー
ドゥレードゥレー　パルヴァト　チャムカーテー
ジャンマーナス　ガルドワール　サンワーレー
パンチー　ビー　ナヴニール　ハエン　ブンテー

ドゥルガープージャー　ダシエヘラー　ディーワーリー
テヨーハーローン　キ　マスティー　ハェ　アーティー
シャンク　パターケー　プルジャリヤーン
アワニ　アンバル　コ　チュー　ジャーティー

ナヴパリダーン　アォル　ミシュターン
チョーテー　バレー　サブ　チェヘク　ラヘー
ガルミー　サルディー　ドーノーン　ミル　ジャーエーン
ジャブ　シャラド　キ　タンディー　バヤール　バヘー

88 秋の季節

涼しく甘美な風を伴い
秋の季節がやって来ると
雨季の沐浴を終えた
自然は一際美しく。

空の青さは一層深く
白き光が辺りに広がる
月を見たチャコール鳥の
願いは大きく膨らむ。

田んぼには実った稲穂が
海の如く波打つ
トウモロコシの前髪が
ベールの奥から微笑む。

グングンと冬がやって来る
濡れた山々が輝く
人々は家を直し
鳥たちも新しい巣をこしらえる。

ドゥルガー祭、ダシャハラー祭、ディワーリー祭
お祭りの熱狂がやって来る
法螺貝、爆竹、仕掛け花火
大地は空と一体となる。

新品の衣服と甘いお菓子
大人も子供も皆ウキウキしている
夏と冬が混ざり合い
秋の涼しい風が吹く。

88

रचनाकार : कुलदीप

श्रीमती कुलदीप का जन्म 20 सितंबर 1952 को हुआ।

जापानी अनुवाद : योशिओ तकाकुरा

詩人：クルディープ

クルディープ女史は 1952 年 9 月 20 日生まれ。チャコール鳥はキジ科アジアイワシャコ。ドゥルガー祭、ダシャハラー祭、ディワーリー祭はインドで秋に祝われる祭り。

日本語訳：高倉嘉男

89 दहको मत *मोमिजि*

दहको मत *मोमिजि*
कम से कम उस वक़्त
जब अभी-अभी सांस
लेने को मन हुआ हो।
झरो मतो *मोमिजि*
जब अभी-अभी बिछड़
जाने को मन हुआ हो।
डरो मत *मोमिजि*
तुम्हारे डरने से
शीत का आना
रुकेगा नहीं
झरो मत *मोमिजि*
तुम्हारे झरने से
शरद ऋतु का ठिठुरना
कमेगा नहीं
कुछ होगा तो बस
आसमानों की नीली रंगत में
दूरगामी पक्षियों की कतार
थोड़ी नीचे
तुम्हें देखने, हाल-चाल पूछने
उड़ आएगी
धरती पर बिछी हुई शाखाओं की
भूरी पंगत में
थोड़ी-सी प्यार की आस
भर जाएगी

89 デヘコー　マト　モミジ

デヘコー　マト モミジ
カム　セ　カム　ウス　ワクト
ジャブ　アビーアビー　サーンス
レーネー　コ　マン　フアー　ホー
ジャロー　マト モミジ
ジャブ　アビーアビー　ビチャル
ジャーネー　コ　マン　フアー　ホー
ダロー　マト モミジ
トゥマーレー　ダルネー　セ
シート　カ　アーナー
ルケーガー　ナヒーン
ジャロー　マト モミジ
トゥマーレー　ジャルネー　セ
シャラド　リトゥ　カ　ティトゥルナー
カメーガー　ナヒーン
クチュ　ホーガー　トー　バス
アースマーノーン　キ　ニーリー　ランガト　メン
ドゥールガーミー　パクシヨーン　キ　カタール
トーリー　ニーチェー
トゥメーン　デークネー　ハールチャール　プーチュネー
ウル　アーエーギー
ダルティー　パル　ビチー　フイー　シャーカーオーン　キ
バリー　パンガト　メン
トーリー　スィ　ピャール　キ　アース
バル　ジャーエーギー

89 燃えるな紅葉

燃えるな 紅葉
まだ今正に
呼吸をし始めた
ばかりではないか
落ちるな 紅葉
まだ別れの
ときではない
恐れるな 紅葉
お前が恐れることで
冬の訪れが
止まる訳ではない
落ちるな 紅葉
お前が落ちることで
秋の震えが
減る訳ではない
何か起こるとすれば
空の青さの中を
遙か遠くを目指し飛ぶ鳥たちの列が
少しだけ
お前を見に、挨拶をしに
やって来るだけだろう
大地に広がる枝たちの
褐色の列に
少しだけ愛情が
生まれるだけだろう

89

रचनाकार : सुनीता बुद्धिराजा

श्रीमती सुनीता बुद्धिराजा का जन्म 17 नवंबर 1954 को हुआ।

जापानी अनुवाद : योशिओ तकाकुरा

詩人：スニーター·ブッディラージャー

スニーター·ブッディラージャー女史は 1954 年 11 月 17 日生まれ。

日本語訳：高倉嘉男

90 यह मेरा पतझड़

यह मेरा पतझड़
यह लो अब तेरा पतझड़
दिया था अपनी बहन को
छोटी मेरी बहन को।

वही जो खुला मैदान
घास, भूसा, पतझड़ से
फूल, मिट्टी पानी से
हम दोनों खेली थीं
खूब देर तक खेली थीं
अब जो नहीं मैदान।

यह मेरी बेटी
छोटा नन्हा उस का हाथ
जिस दिन आई, उस दिन देखा
मोमिजि पतझड़ सा हाथ।

बेटियों का छोटा हाथ
सोती, रोती, खेलती
मेरी उंगली पकड़ती
हाथ उस का, *मोमिजि* पतझड़

यह कब हुआ, रहकर अपना हाथ
मोमिजि की छाया चली गयी।

पतझड़ तब अति शोभामय
जीने को जब लड़ता हो

मेरी मां अब लड़ती हैं
अपना श्रवण कमज़ोरी

श्रम से बात सुनती हैं
मुस्कराकर लड़ती हैं

मेरी माँ, अब पतझड़ बेला
सुन्दरतम अति शोभामय ।

90　イエ　メーラー　パトジャル

イエ　メーラー　パトジャル
イエ　ロー　アブ　メーラー　パトジャル
ディヤー　ター　アプニー　ベヘン　コ
チョーティー　メーリー　ベヘン　コ

ワヒー　ジョー　クラー　マエダーン
ガース　ブーサー　パトジャル　セ
プール　ミッティー　パーニー　セ
ハム　ドーノーン　ケーリー　ティーン
アブ　ジョー　ナヒーン　マエダーン

イエ　メーリー　ベーティー
チョーター　ナンナー　ウス　カ　ハート
ジス　ディン　アーイー　ウス　ディン　デーカー
モミジ　パトジャル　サ　ハート

ベーティヨーン　カ　チョーター　ハート
ソーティー　ローティー　ケールティー
メーリー　ウングリー　パカルティー
ハート　ウスカ　モミジ　パトジャル

イエ　カブ　フアー　レヘカル　アプナー　ハート
モミジ　キ　チャーヤー　チャリー　ガイー

パトジャル　タブ　アティ　ショーバーマエ
ジーネー　コ　ジャブ　ラルター　ホー

メーリー　マーン　アブ　ラルティー　ハエン

アプナー　シュラヴァン　カムゾーリー
シュラム　セ　バート　スンティー　ハエン
ムスクラーカル　ラルティー　ハエン

メーリー　マーン　アプ　パトジャル　ベーラー
スンダルタム　アティ　ショーバーマエ

90　わたしのもみじ

わたしのもみじ
どうぞ　あなたにあげる
あげた　わたしの妹に
小さな　わたしの妹に

あの　広い野原
草と枯れ草と落ち葉
花と土と水
わたしたちは　遊んでいた
飽きもせずに　遊んでいた
もう　あの野原も無い

私の娘
この小さな　可愛い手
生まれたその日に　見えた
もみじのような手

娘たちの　小さな手
眠り、泣き、遊ぶ
私の指をにぎる

そのもみじのような手

何時からか　私の手は
もう　もみじじゃない

もみじは　一番美しい
生きるために闘う時

私の母は闘っている
聞こえない耳で
必死に話を聴いている
微笑みながら　闘っている

私の母は　紅葉の頃
とても素敵に　輝いている

90

रचनाकार : तोमोको किकुचि

इस कविता के हिन्दी और जापानी दोनों रूप तोमोको किकुचि ने लिखे हैं। इस कवयित्री के परिचय के लिए पृष्ठिका देखें। इस कविता के साथ टिप्पणी भी दी गई है कि जापान में *मोमिजि* का पतझड़ छोटे बच्चोंके हाथ का एक उपमान है और वृद्धावस्था के प्रतीक रूप में बहुत प्रसिद्ध है।

詩人：菊池智子

ヒンディー語の詩、日本語の詩、共に菊池智子の作品。詩人の詳細については背表紙を参照のこと。

91 पत्तियाँ पीली लाल

हम हैं पत्तियाँ पीली-लाल वसंत पतझड़ की
हम भी हैं भारतीय होली के खिलाड़ी
अहे रंगविरंग जंगलों के रचयिता !
इतना पीला-लाल क्यों हुआ है हमारा तन-मन
इतना पीला-लाल क्यों हुआ है हमारा तन-मन
लिए शिशिर की सर्दी का अंतिम श्वास
सुन पक्षियों का प्रेमालाप शर्माते
आनेवाली प्रेम- ज्वाला की प्रतीक्षा में
हुआ है रंगीन पीला-लाल हमारा तन-मन
यह है सारी दुनिया जला देने का स्वप्न
अब डरो मत भयानक गर्मी से
हम बरसाकर आशीर्वाद देते हैं आपको
हम हैं पत्तियाँ पीली-लाल वसंत पतझड़ की

हम हैं पत्तियाँ पीली-लाल शरद पतझड़ की
हम भी हैं जापानी कवियों के जीवनसाथी
अहे रंगविरंग पहाड़ों के रचयिता !
इतना पीला-लाल क्यों हुआ है हमारा तन-मन
इतना पीला-लाल क्यों हुआ है हमारा तन-मन
लिए डूबते हुए सूरज की अंतिम किरण
सुन हवाओं का शोकगीत दुखते
गुज़री हुई प्रेम-ज्वाला के स्मरण में
हुआ है रंगीन पीला-लाल हमारा तन-मन
यह है बुझनेवाली आग की अंतिम झलक
अब डरो मत भयानक सर्दी से
हम बरसाकर अलविदा करते हैं आपको
हम हैं पत्तियाँ पीली-लाल शरद पतझड़ की

91　パッティヤーン　ピーリーラール

ハム　ハエン　パッティヤーン　ピーリーラール　ヴァサント　パトジャル　キ
ハム　ビー　ハエン　バーラティーエ　ホーリー　ケ　キラーリー
アヘー　ラングヴィラング　ジャンガローン　ケ　ラチャティター
イトナー　ピーラー　ラール　キョーン　フアー　ハエ　ハマーラー　タンマン
イトナー　ピーラー　ラール　キョーン　フアー　ハエ　ハマーラー　タンマン
リエー　シシル　キ　サルディー　カ　アンティム　シュワース
スヌ　パクシヨーン　カ　プレーマーラープ　シャルマーテー
アーネーワーリー　プレーム　ジュワーラー　キ　プラティークシャー　メン
フアー　ハエ　ランギーン　ピーラー　ラール　ハマーラー　タンマン
イエ　ハエ　サーリー　ドゥニヤー　ジャラー　デーネー　カ　スワパン
アブ　ダロー　マト　バヤーナク　ガルミー　セ
ハム　バルサーカル　アーシールワード　デーテー　ハエン　アープコ
ハム　ハエン　パッティヤーン　ピーリーラール　ヴァサント　パトジャル　キ

ハム　ハエン　パッティヤーン　ピーリー　ラール　シャラド　パトジャル　キ
ハムビー　ハエン　ジャーパーニー　カヴィヨーン　ケ　ジーヴァンサーティー
アヘー　ラングヴィラング　パハーローン　ケ　ラチャイター
イトナー　ピーラー　ラール　キョーン　フアー　ハエ　ハマーラー　タンマン
イトナー　ピーラー　ラール　キョーン　フアー　ハエ　ハマーラー　タンマン
リエー　ドゥーブテー　フエー　スーラジ　キ　アンティム　キラン
スン　ハワーオーン　カ　ショークギート　ドゥクテー
グズリー　フイー　プレーム　ジュワーラー　ケ　スマラン　メン
フアー　ハエ　ランギーン　ピーラー　ラール　ハマーラー　タンマン
イエ　ハエ　ブジュネーワーリー　アーグ　キ　アンティム　ジャラク
アブ　ダロー　マト　バヤーナク　サルディー　セ
ハム　バルサーカル　アルヴィダー　カルテー　ハエン　アープコ
ハム　ハエン　パッティヤーン　ラール　ピーリー　シャラド　パトジャル　キ

91　紅葉：インドと日本

我らはもみじ、落葉の春のもみじなり
我らもインドのホーリー祭の愛好家なり
ああ、森を色染める芸術家よ
我らの身体が赤黄に染まるのはなぜか
我らの身体が赤黄に染まるのはなぜか
冬の極寒の最後の一息を吸い込み
小鳥たちの愛らしき睦言を耳にし
やがて来る恋の炎の予感に
我らの身体は赤黄に染まれり
この色は全世界を燃やさんとする夢
さあ、酷暑を恐るるなかれ
我ら雨となりてお前を祝福せん
我らはもみじ、落葉の春のもみじなり

我らはもみじ、落葉の秋のもみじなり
我らも日本の詩人たちの生涯の友なり
ああ、山を染める芸術家よ
我らの身体が赤黄に染まるのはなぜか
我らの身体が赤黄に染まるのはなぜか
沈む夕日の最後の光を吸い込み
北風の悲しき歌を聴き
過ぎ去った愛の炎を思い出し
我らの身体は赤黄に染まれり
この色は消えんとする炎の最後の煌き
さあ、極寒を恐るるなかれ
我ら雨となりてお前に別れを告げん
我らはもみじ、落葉の秋のもみじなり

मोमिजि के रंग : 256

91

रचनाकार : योशिओ तकाकुरा

इस कविता के हिन्दी और जापानी दोनों रूप योशिओ तकाकुरा ने लिखे हैं। इस कवि के परिचय के लिए पृष्ठिका देखें। कवि ने सालों से दिल्ली में रहते पाया है कि दिल्ली की शरद में पेड़ों के पत्ते जापान की तरह रंजित नहीं होते, बल्कि वसंत में, यानी फ़रबरी और मार्च में, कुछ पेड़ों के पत्ते झड़ते हैं और झड़ने से पहले हलका-सा अधूरा-सा *मोमिजि* दिखाई देता है। यह जापान के शारदीय पतझड़ को दिल्ली के वसंती पतझड़ से तुलना कर लिखी गई कविता है।

詩人：高倉嘉男

ヒンディー語の詩、日本語の詩、共に高倉嘉男の作品。詩人の詳細については背表紙を参照のこと。北インド（特にデリー）では紅葉と落葉は秋よりもむしろ春に見られる。この詩は、日本の秋の紅葉をインドの秋の紅葉と比べたもの。